Sebastian Christ

Vertragsfreiheit in China

Ein Vergleich zwischen chinesischem und deutschem Vertragsrecht

Christ, Sebastian: Vertragsfreiheit in China: Ein Vergleich zwischen chinesischem und
deutschem Vertragsrecht, Hamburg, Diplomica Verlag GmbH

ISBN: 978-3-8428-6517-4

© Diplomica Verlag GmbH, Hamburg 2011

Bibliografische Information der Deutschen Nationalbibliothek:
Die Deutsche Nationalbibliothek verzeichnet diese Publikation
in der Deutschen Nationalbibliografie;
detaillierte bibliografische Daten sind im Internet über
http://dnb.d-nb.de abrufbar.

Die digitale Ausgabe (eBook-Ausgabe) dieses Titels trägt die
ISBN 978-3-8428-1517-9 und kann über den Handel oder den
Verlag bezogen werden.

Dieses Werk ist urheberrechtlich geschützt. Die dadurch begründeten Rechte, insbesondere die der Übersetzung, des Nachdrucks, des Vortrags, der Entnahme von Abbildungen und Tabellen, der Funksendung, der Mikroverfilmung oder der Vervielfältigung auf anderen Wegen und der Speicherung in Datenverarbeitungsanlagen, bleiben, auch bei nur auszugsweiser Verwertung, vorbehalten. Eine Vervielfältigung dieses Werkes oder von Teilen dieses Werkes ist auch im Einzelfall nur in den Grenzen der gesetzlichen Bestimmungen des Urheberrechtsgesetzes der Bundesrepublik Deutschland in der jeweils geltenden Fassung zulässig. Sie ist grundsätzlich vergütungspflichtig. Zuwiderhandlungen unterliegen den Strafbestimmungen des Urheberrechtes. Die Wiedergabe von Gebrauchsnamen, Handelsnamen, Warenbezeichnungen usw. in diesem Werk berechtigt auch ohne besondere Kennzeichnung nicht zu der Annahme, dass solche Namen im Sinne der Warenzeichen- und Markenschutz-Gesetzgebung als frei zu betrachten wären und daher von jedermann benutzt werden dürften. Die Informationen in diesem Werk wurden mit Sorgfalt erarbeitet. Dennoch können Fehler nicht vollständig ausgeschlossen werden und die Diplomica GmbH, die Autoren oder Übersetzer übernehmen keine juristische Verantwortung oder irgendeine Haftung für evtl. verbliebene fehlerhafte Angaben und deren Folgen.

Inhaltsverzeichnis

Literaturverzeichnis 7
Abkürzungsverzeichnis 16
1. Teil: Einleitung 17
2. Teil: Steckbrief China 19
3. Teil: Die Entwicklung des chinesischen Zivilrechts 23
    A.   Kaiserreich im Jahre 221 v. Christus bis 1911 23
    B.   Republik China 1912 bis 1949 30
    C.   Volksrepublik China 1949 bis 1978 33
    D.   Volksrepublik China 1978 bis heute 37
    E.   Sonderrolle des deutschen Rechts 45
4. Teil: Die materiellen Quellen der Vertragsfreiheit in der heutigen VR China 49
    A.   Verfassungsrechtliche Grundlagen 50
    B.   Allgemeine Grundsätze des Zivilrechts 54
    C.   Ausgestaltung der Vertragsfreiheit im Vertragsgesetz 61
5. Teil: Einschränkungen der Vertragsfreiheit 77
    A.   Verfassung 77
    B.   Allgemeine Grundsätze des Zivilrechts 78
    C.   Vertragsgesetz 83
    D.   Andere Gesetze 99
        I.   Convention of International Sale of Goods 99
        II.   Verwaltungsrecht 99
        III.   Eigentum und Landnutzungsrechte (Sachenrecht) 99
        IV.   Familien- und Erbrecht 100
        V.   Verbraucherschutz und Produkthaftung 101
        VI.   Arbeitsrecht 103
        VII.   Wettbewerbsrecht 104
        VIII.   Außenhandelsregulierung 105
        IX.   Joint Ventures 106
        X.   Branchentypische Vertragstypen 107
        XI.   Kontrahierungszwang 107
6. Teil: Tatsächliche Ausübung der Vertragsfreiheit in der Gesellschaft 109
7. Teil: Fazit und Ausblick 121
Anhang 125

Literaturverzeichnis

Gedruckte Werke

Ajani, Gianmaria: Regulations regarding the validity of contracts according to German law, in: Gebhardt, Immanuel/Zhang, Yuqing/Schröder, Rainer (Hrsg.): Comparative analysis on the Chinese contract law (Berliner juristische UniversitätsschriftenZivilrecht, 39), Berlin 2003 (zit.: Ajani, Regulations regarding the validity of contracts according to German law, in: Comparative analysis).

Bäuerle, Michael: Vertragsfreiheit und Grundgesetz(Studien und Materialien zur Verfassungsgerichtsbarkeit, 85), 1. Aufl., Baden-Baden 2005.

Bu, Yuanshi: Einführung in das Recht Chinas(Schriftenreihe der Juristischen Schulung, 191), München 2009.

Busche, Jan: Privatautonomie und Kontrahierungszwang (Jus privatum, 40), Tübingen 1999.

Buxbaum, Richard: Organizational aspects relating to the codification of the law of oligations and comparative experience regarding sales law, in: Gebhardt, Immanuel/Zhang, Yuqing/Schröder, Rainer (Hrsg.): Comparative analysis on the Chinese contract law (Berliner juristische UniversitätsschriftenZivilrecht, 39), Berlin 2003 (zit: Buxbaum, Organizational aspects regarding sales law, in: Comparative analysis).

Brox, Hans: Allgemeiner Teil des BGB, 30. Aufl., Köln 2006.

Beuchert, Tobias/*Rong*, Yu: Regelungen zur Rechtsgeschäftslehre, in Shao, Jiandong/Drewes, Eva (Hrsg.): Chinesisches Zivil- und Wirtschaftsrecht, Hamburg 2001.

Chen, Jianfu: Chinese Law Context and Transformation, Leiden 2008.

Clarke, Donald C.: China's legal system: new developments, new challenges (Cambridge University, The China quarterly Special issues, N.S., 8), Cambridge 2008.

Ders., Legislating for a Market Economy, in: Clarke, Donald C.: China's legal system: new developments, new challenges (Cambridge University, The China quarterly Special issues, N.S., 8), Cambridge 2008.

Dell, Michael: The Opportunities and Challenges of Working in China, in: Fifty Lessons Limited (Hrsg.): Succeeding in China. Harvard Business Press (Straight talk from the world's top business leaders), Boston 2010.

Di Fabio, Udo: Vorwort zum Grundgesetz, in: Grundgesetz (Beck-Texte im dtv), München 2005.

Dörner, Heinrich: Bürgerliches Gesetzbuch, 4. Aufl., Baden-Baden 2005.

Fischer, Isabel/*Zou*, Hairong: Haftung aus Vertragsverletzungen, in: Shao/Drewes, Chinesisches Zivil- und Wirtschaftsrecht, Hamburg 2001.

Gebhardt, Immanuel: introduction to the German civil code, in: Gebhardt, Immanuel/Zhang, Yuqing/Schröder, Rainer (Hrsg.): Comparative analysis on the Chinese contract law (Berliner juristische UniversitätsschriftenZivilrecht, 39), Berlin 2003 (zit.: Gebhardt, Introduction to the German civil code, in: Comparative analysis).

Ders.: Comments on the Chinese regulations regarding the conclusion of contracts, in: Gebhardt, Immanuel/Zhang, Yuqing/Schröder, Rainer (Hrsg.): Comparative analysis on the Chinese contract law (Berliner juristische UniversitätsschriftenZivilrecht, 39), Berlin 2003 (zit.: Gebhardt, Comments on the Chinese regulations regarding the conclusion of contracts, in: Comparative analysis).

Ders.: Regulations regarding the conclusion of contracts according to German law, in: Gebhardt, Immanuel/Zhang, Yuqing/Schröder, Rainer (Hrsg.): Comparative analysis on the Chinese contract law (Berliner juristische UniversitätsschriftenZivilrecht, 39), Berlin 2003 (zit.: Gebhardt, Regulations regarding the conclusion of contracts according to German law, in: Comparative analysis).

Ders.: Chinese contract law comparative case studies, Peking 2003 (zit.: Gebhardt, Case studies).

Hahn, Carl H.: Take Risks to Enter New Markets, in: Fifty Lessons Limited (Hrsg.): Succeeding in China. Harvard Business Press (Straight talk from the world's top business leaders), Boston 2010.

Heuser, Robert: What „Rule of Law"?, in: Assmann, Heinz-Dieter/Moser von Filseck, Karin (Hrsg.): China's new role in the international community. Challenges and expectations for the 21st century ; transactions of the interdisciplinary roundtable held from June 19 to 23, 2004 at the Shanghai Institute for Advanced Studies, Frankfurt am Main 2005 (zit.: Heuser, What "Rule of Law"?, in: China`s new role).

Hu, Kang Gang: A Guide to Business Success in China for Foreign Enterprises, in: Hofer, Markus B.: Business Success in China, Berlin 2007.

Jian, Mi: Comparative Law and the Contemporary Chinese Legal System, in: Assmann, Heinz-Dieter/Moser von Filseck, Karin (Hrsg.): China's new role in the international community. Challenges and expectations for the 21st century ; transactions of the interdisciplinary roundtable held from June 19 to 23, 2004 at the Shanghai Institute for Advanced Studies, Frankfurt am Main 2005 (zit.: Jian, Comparative Law and the Contemporary Chinese Legal System, in: China`s new role).

Jiao, Li: Der Einfluss des deutschen BGB auf das chinesische Zivilgesetzbuch von 1929, Kiel 2009 (zit: Jiao, Der Einfluss des BGB auf das chinesische ZGB von 1929).

Jones, William C., Trying to Understand the Current Chinese Legal System, in: Hsu, C. Stephen (Hrsg.): Understanding China's legal system. Essays in honor of Jerome A. Cohen. New York 2003 (zit.: Jones, Current Chinese Legal System, in: Understanding China´s legal system).

Julius, Hinrich: Comments on Chinese regulations on the performance of contracts, in: Gebhardt, Immanuel/Zhang, Yuqing/Schröder, Rainer (Hrsg.): comparative analysis on the Chinese contract law (Berliner juristische UniversitätsschriftenZivilrecht, 39), Berlin 2003 (zit.: Julius, Comments on Chinese regulations on the performance of contracts, in: Comparative analysis).

Kötz, Hein: Vertragsrecht, Tübingen 2009.

Knoss, Sylvia/*Beveridge*, Helen: Successful Business Relations with China. To-Dos and Taboos, in: Hofer, Markus B. (Hrsg.): Business Success in China, Berlin 2007.

Kropholler, Jan: Bürgerliches Gesetzbuch, 11. Aufl., München 2008.

Larenz, Karl/*Canaris*, Claus-Wilhelm: Methodenlehre der Rechtswissenschaft, 3. Aufl.[Studienausg.], Berlin 1995.

Laufs, Adolf: Rechtsentwicklungen in Deutschland. 5. Aufl., Berlin 1996.

Leiden-Beijing Legal Transformation Project (Hrsg.): Cultural Characteristics in the Chinese Contract Law, Leiden nach 1995 (zit: Leiden-Beijing, Cultural Characteristics in the Chinese Contract Law).

Liebman, Benjamin L.: Chinese courts: Restricted Reform, in: Clarke, Donald C.: China's legal system: new developments, new challenges (Cambridge University, The China quarterly Special issues, N.S., 8), Cambridge 2008.

Ling, Bing: Contract law in China (China Law Library), Hong Kong 2002.

Ling, Li: China´s new contract law: guarantee for the healthy development of its market economy, in: Gebhardt, Immanuel/Zhang, Yuqing/Schröder, Rainer (Hrsg.): Comparative analysis on the Chinese contract law (Berliner juristische UniversitätsschriftenZivilrecht, 39), Berlin 2003 (zit.: Ling, China´s new contract law, in: Comparative analysis).

Meder, Stephan: Rechtsgeschichte (UTB, 2299 : Rechtsgeschichte, Rechtswissenschaft). 2. Aufl., Köln 2005.

Münchener Kommentar zum BGB, Band 2a Schuldrecht allgemeiner Teil, 4. Aufl., München 2003.

Münchener Kommentar zum BGB, Band 3 Schuldrecht besonderer Teil I, 4. Aufl., München 2004.

Nee, Cao, Institutional Change and Income Inequality in Urban China, in: Assmann, Heinz-Dieter/Moser von Filseck, Karin (Hrsg.): China's new role in the international community. Challenges and expectations for the 21st century ; transactions of the interdisciplinary roundtable held from June 19 to 23, 2004 at the Shanghai Institute for Advanced Studies, Frankfurt am Main 2005 (zit.: Nee, Institutional Change, in: China`s new role).

Northern, John: Losing Face, in: Fifty Lessons Limited (Hrsg.): Succeeding in China. Harvard Business Press (Straight talk from the world's top business leaders), Boston 2010.

Palandt, Otto (Hrsg.): Bürgerliches Gesetzbuch (Beck'sche Kurz-Kommentare, 7), 69. Aufl., München 2010.

People´s Republic of China (Hrsg.): The process of building China´s legal system.

Pißler, Knut B.: Das neue chinesische Vertragsrecht im Spiegel des Handbuches von Bing Ling, in: Rabels Zeitschrift für ausländisches und Internationales Privatrecht Bd. 68 (zit: Pißler, das neue chinesische Vertragsrecht, in: RabelsZ Bd. 68, S. 329 ff.).

Potter, Pitman Benjamin: The Chinese legal system. Globalization and local legal culture, 3. Aufl., London 2003.

Prütting, Hanns: Sachenrecht(Juristische Kurz-Lehrbücher), 34. Aufl., München 2010.

Scheil, Jörg-Michael/*Gagulla*, Tanja/*Schröder*, Christoph/*Riemenschneider*, Jakob: Vertragsgesetz der Volksrepublik China. Übersetzung und Einführung (Mitteilungen des Instituts für Asienkunde Hamburg, 309), Hamburg 2001 (zit: Scheil u.a., Vertragsgesetz der VR China. Übersetzung und Einführung).

Schubert, Gunter: Reforming Authoritarianism in Contemporary China. Reflections on Pan Wei´s Consultative Rule of Law Regime in: Assmann, Heinz-Dieter: China's new role in the international community. Challenges and expectations for the 21st century ; transactions of the interdisciplinary roundtable held from June 19 to 23, 2004 at the Shanghai Institute for Advanced Studies, Frankfurt am Main 2005 (zit: Schubert, Reforming Authoritarianism, in: China`s new role).

Schmutzler De Uribe, Jana/Hofer, Markus B./Ebel, Bernhard: The Rise of the Dragon, in: Hofer, Markus B. (Hrsg.), Business Success in China, Berlin 2007 (zit: Schmutzler u.a., The rise of the Dragon, in: Business success in China).

Dies.: Conquering the Dragon. Entry Strategies for the Chinese Market, in: Hofer, Markus B (Hrsg.): Business success in China, Berlin 2007 (zit: Schmutzler u.a., Conquering the Dragon, in: Business success in China).

Senger, Harro von: Einführung in das chinesische Recht (Schriftenreihe der Juristischen Schulung, 124: Ausländisches Recht), München 1994.

Shao, Jiandong: Chinesisches Zivil- und Wirtschaftsrecht (Mitteilungen des Instituts für Asienkunde Hamburg, 346). Ausgewählte Rechtsgebiete, dargestellt im Vergleich zum deutschen Recht, Hamburg 2001.

Shao, Jingchun: Performance of contracts under the contract law of P.R. China, in: Gebhardt, Immanuel/Zhang, Yuqing/Schröder, Rainer (Hrsg.): Comparative analysis on the Chinese contract law (Berliner juristische UniversitätsschriftenZivilrecht, 39), Berlin 2003 (zit.: Shao, Performance of contracts under the contract law of P.R. China, in: Comparative analysis).

Ders.: Modification and assignment of contracts under the contract law of P.R. China, in: Gebhardt, Immanuel/Zhang, Yuqing/Schröder, Rainer (Hrsg.): Comparative analysis on the Chinese contract law (Berliner juristische UniversitätsschriftenZivilrecht, 39), Berlin 2003 (zit.: Shao, Modifictaion and assignment of contracts under the contract law of P.R. China, in: Comparative analysis).

Shi, Hong: Miscellaneous stipulations of the new Chinese contract law, in: Gebhardt, Immanuel/ Zhang, Yuqing/Schröder, Rainer (Hrsg.): Comparative analysis on the Chinese contract law (Berliner juristische UniversitätsschriftenZivilrecht, 39), Berlin 2003 (zit: Hong, Miscellaneous stipulations of Chinese contract law, in: Comparative analysis).

Shi, Ping: Die Prinzipien des chinesischen Vertragsrechts (Europäische Hochschulschriften - Reihe II, 4110), Frankfurt am Main 2005.

Sieren, Frank: The China Boom – What´s left for us?, in: Hofer, Markus B. (Hrsg.): Business Success in China, Berlin 2007 (zit.: Sieren, China Boom – What´s left for us?, in: Business Success in China).

Stürner, Rolf: Das neue chinesische Sachenrecht aus deutscher Sicht, in: Bu, Yuanshi (Hrsg.): Chinesisches Zivil- und Wirtschaftsrecht aus deutscher Sicht, Tübingen 2008.

Theusner, Alexander: Das Konzept von allgemeinem und besonderem Teil im chinesischen Zivilrecht, Hamburg 2005 (zit.: Das Konzept von A-T und B-T im chinesischen Zivilrecht).

Wali –Mohammadi, Gabriele: Chinesisch-Deutsches Glossar zum Zivilrecht der VR China, Göttingen 1992.

Wang, Yanfeng: Die "Allgemeinen Grundsätze des Zivilrechts der Volksrepublik China" vom 1.1.1987 und das Bürgerliche Gesetzbuch der Bundesrepublik Deutschland. eine rechtsvergleichende Untersuchung, Münster 1989 (zit: Wang, Rechtsvergleichende Untersuchung AGZ BGB).

Werner, Sven-Michael: Legal Constraints on Business in China, in: Hofer, Markus B. (Hrsg.): Business Success in China, Berlin 2007.

Wesel, Uwe: Geschichte des Rechts. 3. Aufl., München 2006.

Williamson, Peter/Zeng, Ming: Competing in the Dragon´s Den: Strategies for a Changed China, in: Hofer, Markus B.: Business Success in China, Berlin 2007.

Yang, Minglun: Conclusion of contracts according to Chinese law, in: Gebhardt, Immanuel/Zhang, Yuqing/Schröder, Rainer (Hrsg.): Comparative analysis on the Chinese contract law (Berliner juristische UniversitätsschriftenZivilrecht, 39), Berlin 2003 (zit: Yang, Conclusion of contracts according to Chinese law, in: Comparative analysis).

Ying, Chi: Verschulden bei Vertragsverhandlungen im chinesischen Recht, Hamburg 2005.

Zhang, Mo: Chinese contract law. Theory and practice, Leiden 2006.

Zhang, Xianzhu: Commentary on Legislating for a Market Economy, in: Clarke, Donald C.: China's legal system: new developments, new challenges (Cambridge University, The China quarterly Special issues, N.S., 8), Cambridge 2008.

Zhang, Xuezhe: Das verbraucherschützende Widerrufsrecht nach §§ 355 ff. BGB und seine Aufnahme in das Chinesische Recht (Berliner juristische UniversitätsschriftenZivilrecht, 57), Berlin 2006 (zit.: Zhang, Verbraucherschützendes Widerrufsrecht).

Zhou, Lulu: Chinesisches Verbraucherschutzrecht. Systematische Diskussion des chinesischen Verbraucherschutzrechts und das deutsche Recht als Ausgangsbasis (Schriftenreihe zum internationalen Einheitsrecht und zur Rechtsvergleichung, 16), Hamburg 2010 (zit.: Zhou, Chinesisches Verbraucherschutzrecht).

Zhou, Lujia: Zur Rezeption des "inneren Systems" des deutschen Privatrechts in der Volksrepublik China. (Europäische HochschulschriftenReihe 2, Rechtswissenschaft, 2456), Frankfurt am Main, Berlin, Bern, New York, Paris, Wien 1998 (zit: Zhou, Inneres System des deutschen Privatrechts in der VR).

Zhou, Xiaoyan: Provisions on validity of contracts in the contract law of China, in: Gebhardt, Immanuel/Zhang, Yuqing/Schröder, Rainer (Hrsg.): Comparative analysis on the Chinese contract law (Berliner juristische UniversitätsschriftenZivilrecht, 39), Berlin 2003 (zit.: Zhou, Provisions on validity of contracts in the contract law of china, in: Comparative analysis).

Zweigert, Konrad/*Kötz*, Hein: Einführung in die Rechtsvergleichung auf dem Gebiete des Privatrechts. 3. Aufl.,Tübingen 1996 (zit.: Zweigert/Kötz, Einführung in die Rechtsvergleichung).

Internetquellen

Auswärtiges Amt: Länderinformationen China (Wirtschaft), in: http://www.auswaertiges-amt.de/DE/Aussenpolitik/Laender/Laenderinfos/China/Wirtschaft_node.html, abgerufen am 29.12.2010 (zit.: Auswärtiges Amt, Länderinformationen China (online)).

Datastream-System (Lizenz FB 5 Uni Siegen): Key Economic Indicators 2010, abgerufen am 20.12.2010.

Dickinson, Steve: China Contract Law: Going All Clear On Us Now, in: http://www.chinalawblog.com/2009/06/china_gets_all_new_on_contract.html, abgerufen am 29.12.2010.

Economist Intelligence Unit: Konsumausgaben in der VR China, in: Der Spiegel Nr. 2 2011, S. 84.

Faz.net: Die größte Stadt der Welt heißt Chongqing, in: http://www.faz.net/s/Rub050436A85B3A4C64819D7E1B05B60928/Doc~EAF4C8433F38E42CC824FD9B362FB939D~ATpl~Ecommon~Scontent.html, abgerufen am 15.01.2011.

Firmenpresse: Neue Regelungen für den Technologietransfer ab dem 1.2.2009, in: http://www.firmenpresse.de/fachartikel149.html, abgerufen am 18.01.2011.

Forschungsinstitut für Wirtschaft und Wettbewerb e.V.: China: Erstes Kartellrecht tritt in Kraft, in: http://www.fiw-online.de/de/aktuelles/2008/china-erstes-kartellrecht-antimonopoly-law-tritt-in-kraft/, abgerufen am 15.01.2011.

Gang, Fan*:* "China is a private-sector economy", in: http://www.businessweek.com/magazine/content/05_34/b3948478.htm, abgerufen am 15.01.2011.

Geffken, Rolf/*Xu,* Zhixian, Institut für Arbeit*:* Chinas neues Arbeitsvertragsgesetz, in: http://www.chinaboard.de/files/geffken_-_xu__kommentar_zum_chinesischen_ arbeitsvertragsgesetz.pdf, abgerufen am 29.12.2010 (zit: Geffken/Xu: Chinas neues Arbeitsvertragsgesetz).

Huck, Winfried: Chinas neues Außenhandelsgesetz, in: Newsletter Chinesisches Zentrum Hannover e.V., in http://www.law-and-business.de/www_law-and-business_de/content/e7/e149/e170/ChinasneuesAuenhandelsgesetz,NewsletterCZ03-2004_ger.pdf, abgerufen am 15.01.2011 (zit: Huck, in: law-and-business.de).

Human Development Index: Statistical Tables (Vereinte Nationen), in: http://hdr.undp.org/en/media/HDR_2010_EN_Tables.pdf, abgerufen am 15.01.2011.

Jayme, Erik: Die kulturelle Dimension des Rechts – ihre Bedeutung für das Internationale Privatrecht und die Rechtsvergleichung, in: Rabels Zeitschrift für ausländisches und Internationales Privatrecht Bd. 67, S. 212 ff, in: http://docserver.ingentaconnect.com/deliver/connect/mohr/ 00337250/v67n2/s1.pdf?expires=1287942289&id=59293715&titleid=11136&accname=Universitaetsbibliothek+Siegen&checksum=D121B95DC463AF1CFACEE673B7D94698, abgerufen am 29.12.2010 (zit: Jayme, kulturelle Dimension des Recht, in: RabelsZ, S. 212 ff.).

Julius, Hinrich: Institutionalisierte rechtliche Zusammenarbeit: Die Erfahrungen der GTZ in China, in: Rabels Zeitschrift für ausländisches und internationales Privatrecht Bd. 72, S. 56 ff., in: http://docserver.ingentaconnect.com/deliver/connect/mohr/00337250/v72n1/s3.pdf?expires=1287940810&id=59293455&titleid=11136&accname=Universitaetsbibliothek+Siegen&checksum=7071DE75E334AE96F7F0AB74A17B6443, abgerufen am 24.10.2010 (zit: Julius, Erfahrungen der GTZ in China, in: RabelsZ, S. 56 ff.).

Legal Services Deutsche Außenhandelskammer China: Arbeitsvertragsgesetz der VR China, in: http://www2.china.ahk.de/download/news/isheet_Arbeitsvertragsgesetz.pdf, abgerufen am 15.01.2011.

Lexikon über die Volksrepublik China, in: http://www.china9.de/lexikon/, abgerufen am 18.01.2011.

Mullin, Sheppard: New law integrates Chinas scattered private international law rules for foreignrelated civil relationships, in: http://www.chinalawupdate.cn/2010/12/articles/global-trade/new-law-integrates-chinas-scattered-private-international-law-rules-for-foreignrelated-civil-relationships/, abgerufen am 15.01.2011 (zit: Mullin, new IPR rules in China, in: chinalawupdate.cn).

Pace Law School Institute of International Commercial Law: CISG: Table of contracting states, in: http://www.cisg.law.pace.edu/cisg/countries/cntries.html, abgerufen am 16.01.2011.

Pißler, Knut B.: Regeln des Obersten Volksgerichts zum Internationalen Vertragsrecht der Volksrepublik China, in: Zeitschrift für chinesisches Recht 4/2007, S. 337 ff., in: http://www.zchinr.de/upload/93/ZChinR-07-04.pdf, abgerufen am 18.01.2011 (zit: Pißler, Regeln des IPR der VR China, in: Zeitschrift für Chinesisches Recht, S. 337 ff.).

Rösler, Hannes: Schutz des Schwächeren im Europäischen Vertragsrecht, in: Rabels Zeitschrift für ausländisches und Internationales Privatrecht Bd. 73, S. 889 ff., in: http://docserver.ingentaconnect.com/deliver/connect/mohr/00337250/v73n4/s11.pdf?expires=1287940012&id=59293299&titleid=11136&accname=Universitaetsbibliothek+Siegen&checksum=CCD694F9A60280C4CF044331EB0DBA80, abgerufen am 18.01.2011 (zit: Rösler, Schutz des Schwächeren im Europäischen Vertragsrecht, in: RabelsZ, S. 889 ff.).

Ross, Lester/*Woll,* Robert/*Zhou,* Kenneth: new rules on the registration of technology import and export contracts, in: http://www.wilmerhale.com/publications/whPubsDetail.aspx?publication=8797, abgerufen am 15.01.2011 (zit: Ross u.a., in: http://www.wilmerhale.com/publications/ whPubsDetail.aspx?publication=8797).

Scheil, Jörg-Michael: Beobachtungen zur Vertragsfreiheit in China, in: Newsletter der deutsch-chinesischen Juristenvereinigung Heft 1 Februar 2001, in: http://www.zchinr.de/upload/27/News-02-1.pdf, abgerufen am 18.01.2011.

Shen, Weixing: Die sozialistische Marktwirtschaft und das einheitliche chinesische Vertragsrecht, in Festschrift für Norbert Horn zum 70. Geburtstag Zivil- und Wirtschaftsrecht im europäischen und globalen Kontext, in: http://books.google.com/books?id=ReQ8hnGlxLEC& printsec=frontcover&hl=de&cd= 1&source=gbs_ViewAPI#v=onepage&q&f=false, abgerufen am 15.01.2011 (zit: Die sozialistische Marktwirtschaft und das chinesische Vertragsrecht, in: Zivil- und Wirtschaftsrecht im europäischen und globalen Kontext).

spiegel.de: Schuldenkrise: China bietet sich als Euro-Retter an, in: http://www.spiegel.de/wirtschaft/soziales/0,1518,735941,00.html, abgerufen am 15.01.2011.

Squire Sanders lawyers : PRC's Supreme People's Court Permits PRC Courts to Modify Contract Terms in Response to Commercial Risks, in: http://www.gj.com/files/ Publication/1c2330e1-0d65-4caf-acdf-e69fe1a6f6bb/Presentation/PublicationAttachment/ 7d1852b0-f0a0-4b93-953c-e6f6bcfc7337/China_Alert_Supreme_Peoples_Court_Releases _Interpretation_of_PRC_Contract_Law_052009.pdf, abgerufen am 15.01.2011 (zit: Squire Sanders lawyers, People´s Court Permits Courts to Modify Contract Terms).

Statistisches Bundesamt: Wichtige Gesamtwirtschaftliche Größen, in: http://www.destatis.de/jetspeed/portal/cms/Sites/destatis/Internet/DE/Content/Statistiken/Volk swirtschaftlicheGesamtrechnungen/Inlandsprodukt/Tabellen/Content75/Gesamtwirtschaft,templateId=renderPrint.psml, abgerufen am 16.01.2011.

Sun, Xianzhong: Die Rezeption der westlichen Zivilrechtswissenschaft und ihre Auswirkung im modernen China, in: Rabels Zeitschrift für ausländisches und Internationales Privatrecht Bd. 71, in: http://docserver.ingentaconnect.com/deliver/connect/mohr/00337250/v71n3/s5.pdf?expires=1287941434&id=59293581&titleid=11136&accname=Universitaetsbibliothek+Siegen&checksum=BC33772C418A826F579582BDE7F4AE38, abgerufen am 24.10.2010 (zit: Sun, Rezeption der westlichen Zivilrechtswissenschaft, in RabelsZ Bd. 71, S. 644 ff.).

The Open University of Hongkong: Online-Kurs zum chinesischen Vertragsgesetz, in: http://itunes.apple.com/WebObjects/MZStore.woa/wa/viewiTunesUCollection?id=388608017 und http://labspace.open.ac.uk/mod/resource/view.php?id=373275, abgerufen am 15.01.2011 (zit: Hong Kong University, course on contract law (online)).

Upham, Frank K.: Who Will Find the Defendant if He Stays with His Sheep? Justice in Rural China, in: Yale Law Journal Mai 2005, in: http://www.yalelawjournal.org/images/pdfs/208.pdf, abgerufen am 18.01.2011.

Walcher, Daniela: Das Vertragsgesetz der Volksrepublik China - Kaufverträge zwischen Unternehmen, in: http://publikationen.ub.uni-franfurt.de/volltexte/2008/5494/pdf/Das_Vertragsgesetz _der_VR_China_Kaufvertraege_zwischen_Unternehmen.pdf, abgerufen am 29.12.2010 (zit: Walcher, Das VG der VR – Kaufverträge zwischen Unternehmen).

Wang, Angela: Supreme People's Court Issues 2nd Interpretation of Contract Law, in: http://www.hg.org/article.asp?id=6753, abgerufen am 29.12.2010.

Zhang, Mo: Choice of Law in Contracts: A Chinese Approach, in: Northwestern Journal of International Law & Business, Jg. 26, H. 2, S. 289 ff., in: http://papers.ssrn.com/sol3/papers.cfm? abstract_id=990001&download=yes, abgerufen am 18.01.2011.

Zhang, Xuezhe: Der mögliche Einfluss des deutschen und europäischen Vertragsrechts auf das chinesische Vertragsrecht, in: http://docs.google.com/viewer?a=v&q=cache:_uw0_NJF xDQJ: www.freilaw.de/journal/de/ausgabe%25207/7_Prof.%2520Zhang%2520Xuezhe%2520-%2520Einfluss%2520auf%2520chines.%2520Vertragsrechts.pdf+%C3%BCbersetzung +chinesisches+vertragsrecht&hl=de&gl=de&pid=bl&srcid=ADGEESgOLWpn2-FKwJUE5S gWkzv VOPLYuinH5_pBKf8X67i2tbiVgmM7UCm-MRrPQRvUZiwn9s2tsViOMDtP4a64c69W Vr4BJzsOtuK4vVnTBkh-bxd2Ofthia2I6dqAlyNIh4IhYlfy&sig=AHIEtbSHW_BOp_34_W-UcKUWCLrfJ_BNhQ, abgerufen am 29.12.2010 (zit: Zhang, möglicher Einfluss des Deutsch. und Europ. Vertragsrechts auf das Chinesische, in: Freilaw).

Gesetzestexte (Übersetzungen):

Vertragsgesetz der Volksrepublik China

Deutsch: *Scheil*, Jörg-Michael/*Gagulla*, Tanja/*Schröder*, Christoph/*Riemenschneider*, Jakob: Vertragsgesetz der Volksrepublik China. Übersetzung und Einführung. Unveränd. Nachdr. Hamburg: Inst. für Asienkunde (Mitteilungen des Instituts für Asienkunde Hamburg, 309), Hamburg 2001.

Englisch: *People´s Republic of China* (1999): The Contract law of the People's Republic of China =. [Zhonghua Renmin Gongheguo he tong fa]. Beijing: Foreign Languages Press.

Englisch: http://www.chinaiprlaw.com/english/laws/laws2.htm.

Allgemeine Grundsätze des Zivilrechts der Volksrepublik China

Deutsch: Übersetzung mit Anmerkungen von *Münzel*, Frank: http://lehrstuhl.jura.uni-goettingen.de/chinarecht/zivilrecht.htm

Englisch: http://www.chnlawyer.net/ShowArticle.shtml?ID=2007112421433243916.htm

Verfassung der Volksrepublik China

Deutsch: www.verfassungen.nt/rc/verf82.htm, amtliche Version nach der letzten Verfassungsänderung 14.3.2004

Englisch: http://www.npc.gov.cn/englishnpc/Constitution/node_2825.htm

Produktqualitätsgesetz der Volksrepublik China

Deutsch: Übersetzung von *Münzel*, Frank: www.lehrstuhl.jura.uni-goettingen.de/chinarecht/930222.htm

Verbraucherschutzgesetz der Volksrepublik China

Englisch: http://www.lehmanlaw.com/resource-centre/laws-and-regulations/consumer-protection/law-of-the-peoples-republic-of-china-on-protection-of-the-rights-and-interests-of-the-consumers-1994.html

Elektrizitätsgesetz der Volksrepublik China

Englisch: aus chinesischer Quelle: http://wenku.baidu.com/view/878aa72bcfc789eb172dc88e.html

Sachenrechtsgesetz der Volksrepublik China

Deutsch/chinesisch: Übersetzung von *Münzel*, Frank: http://www.unil.ch/webdav/site/cda/users/mlerach/public/sachenrechtsg2007.pdf

Weitere Gesetzbücher:

Englisch: Sammlung zivilrechtlicher Gesetzbücher Dr. Cui, Gastdozent an der Universität Siegen, darunter Ehegesetz und Erbgesetz der Volksrepublik China

Deutsche Gesetze einschließlich CISG in aktueller, amtlicher Version.

Abkürzungsverzeichnis

Folgende Abkürzungen werden in der folgenden Studie statt des jeweiligen ausgeschriebenen Begriffs regelmäßig verwendet:

AGZ - Allgemeine Grundsätze des Zivilrechts der Volksrepublik China

BGB - Bürgerliches Gesetzbuch

HGB - Handelsgesetzbuch

GG - Grundgesetz

KP - Kommunistische Partei

TVG –Technologievertragsgesetz der Volksrepublik China

VG - Vertragsgesetz der Volksrepublik China

VR - Volksrepublik

WVG – Wirtschaftsvertragsgesetz der Volksrepublik China

WVGA - Wirtschaftsvertragsgesetz mit Außenwirkung der Volksrepublik China

ZGB - Erstes Zivilgesetzbuch der Republik China

Zusätzlich werden die im allgemeinen Sprachgebrauch üblichen Abkürzungen wie z.B. für zum Beispiel verwendet.

1. Teil: Einleitung

Das vorliegende Werk behandelt die Vertragsfreiheit in der Volksrepublik China. Ziel der Untersuchung ist es, die rechtliche Ausgestaltung der Vertragsfreiheit in China sowie ihre tatsächliche Bedeutung für den Rechtsverkehr zu beleuchten. Zu Beginn des Buchs wird dem Begriff der Vertragsfreiheit die einfache Definition aus dem deutschen Recht als die Freiheit des Einzelnen, seine privaten Lebensverhältnisse durch Verträge zu gestalten,[1] zu Grunde gelegt, bevor durch genauere Untersuchung der aktuellen Rechtsquellen eine detailliertere Definition der heutigen Vertragsfreiheit ermittelt wird.

Die Betrachtung der historischen Entwicklung dieses juristischen Prinzips unter Berücksichtigung des Einflusses der chinesischen Kultur trägt wesentlich zur Einordnung der Vertragsfreiheit in die Gesamtsituation des heutigen China bei.

Teil der Untersuchung der chinesischen Vertragsfreiheit ist immer auch der Vergleich mit den zentralen deutschen Vorschriften. So sollen Unterschiede und Gemeinsamkeiten der beiden Rechtsordnungen deutlich gemacht werden um ein besseres Verständnis aus deutscher Perspektive zu ermöglichen.

Die Handelsbeziehungen zwischen Deutschland und China sind heute sehr ausgeprägt. In aller Regel liegen diesen Beziehungen vertragliche Übereinkommen zu Grunde. Wegen der hohen Bedeutung der Thematik für den Wirtschaftsverkehr soll daher die Perspektive der Unternehmen in Bezug auf die Auswirkungen der behandelten rechtlichen Materie auf ihre wirtschaftliche Tätigkeit nicht vernachlässigt werden.

Der Schwerpunkt der Arbeit an diesem Buch lag dennoch auf der rechtsvergleichenden Analyse des Gesetzestexts und einschlägiger juristischer Literatur. Untersucht werden Gesetze wie das Vertragsgesetz, welche als mögliche Quelle allgemeiner Vertragsfreiheit in China in Frage kommen. Aber auch Spezialgesetze wie das Arbeitsvertragsgesetz oder das Verbraucherschutzgesetz finden Erwähnung, um Beschränkungen der Vertragsfreiheit für bestimmte Vertragstypen identifizieren zu können. Der Aufbau der Untersuchung des materiellen Rechts folgt dem Gedankengang vom Allgemeinen zum Speziellen, so dass zuerst das allgemeine Verständnis

---

[1] Brox, Allgemeiner Teil des BGB, Rn. 74.

der Vertragsfreiheit im chinesischen Recht den Normen entnommen werden soll, bevor dann in einem weiteren Teil des Buchs zusätzliche Einschränkungen dieses Prinzips herausgestellt werden.

Eine Schwierigkeit der Arbeit mit ausländischen Rechtsordnungen ist die angemessene Auslegung der uns nur übersetzt vorliegenden Gesetzestexte. Um eine mögliche „Überinterpretation" der Begrifflichkeiten der chinesischen Rechtsordnung durch die Übersetzung in uns bekannte deutsche Rechtsbegriffe zu vermeiden, wurde bei den wesentlichen Rechtsquellen (Verfassung, Allgemeine Grundsätze des Zivilrechts, Vertragsgesetz) neben der deutschen Übersetzung immer auch auf (mindestens) eine englische Übersetzung[2] zurückgegriffen. Die in der englischen Übersetzung mit „article" bezeichneten Vorschriften werden, wie im Zivilrecht in deutscher Zitierweise üblich, als Paragraphen (§) zitiert.

---

[2] Vgl. „Gesetzestexte" im Literaturverzeichnis.

2. Teil: Steckbrief China

Die Volksrepublik China beherbergt auf einer Landesfläche von 9.572.900 km² mit 1,33 Milliarden Menschen das größte Volk der Erde. Chongqing am Drei-Schluchten-Damm gilt seit der letzten Gebietsreform als die größte Stadt der Welt (rund 32 Millionen Einwohner).[3] Die Bevölkerung Chinas besteht zu über 90% aus Han-Chinesen. Dazu kommen verschiedene Minderheiten wie die tibetischen Buddhisten.[4] Im Human Development Index der Vereinten Nationen liegt China auf Platz 89. Dies entspricht einem vorderen Platz in der Kategorie „Länder mittleren Entwicklungsstandes".[5]

Der Aufbau des chinesischen Staates ist zentralistisch, im Wesentlichen werden die Regierungsgeschäfte durch den Nationalen Volkskongress und den daraus gewählten Staatsrat in Peking ausgeübt.[6] China pflegt in der Theorie eine „demokratische Diktatur des Volkes". Basierend auf dem Gedanken eines sozialistischen Arbeiter- und Bauernstaates soll alle Macht vom Volk ausgehen (Artt. 1, 2 Verfassung). In der Praxis besteht ein 1-Parteien-System.[7] Die Bürger wählen die insgesamt bis zu 3000 Abgeordneten des einmal jährlich tagenden Volkskongresses nur mittelbar, wesentliche Entscheidungen werden dagegen innerhalb der Kommunistischen Partei getroffen und von den staatlichen Organen durchgesetzt.[8]

Das Wirtschaftssystem der Volksrepublik ist laut Verfassung sozialistisch. Es existieren staatseigene Betriebe mit Kollektiveigentum. Für Private ist es in China nicht möglich, Eigentum an Grund und Boden zu erwerben (§§ 41, 47 f. Sachenrechtsgesetz). Tatsächlich ist Chinas Wirtschaft mittlerweile jedoch zum großen Teil marktwirtschaftlich organisiert.[9] Im Zuge der Öffnung des Landes ist der Aufbau einer „sozialistischen Marktwirtschaft" und die Modernisierung der Industrie und Landwirtschaft als Staatsziel in der chinesischen Verfassung verankert worden (Präambel 7. Abschnitt). Parallel dazu sollen die sozialen Siche-

---

[3] http://www.faz.net.
[4] http://www.china9.de/lexikon.
[5] Human Development Index 2010: Weltweite Rangliste der Staaten auf Basis der Daten über Kaufkraft pro Einwohner, Lebenserwartung, Alphabetisierungsgrad, Einschulungsquote, http://hdr.undp.org/en/reports/global/hdr2010.
[6] Bu, Einführung in das Recht Chinas, S. 24 ff.
[7] Schubert, Reforming Authoritarianism, in: China`s new role, S. 50.
[8] Bu, Einführung in das Recht Chinas, S. 24 ff.
[9] Sun, Die Rezeption der westlichen Zivilrechtswissenschaft und ihre Auswirkung im modernen China, S. 661.

rungssysteme ausgebaut werden (Art. 14 Verfassung). Männer und Frauen sind in China gleichberechtigt (Art. 48 Verfassung).

Anhand des Bruttoinlandsprodukts erkennt man eine rasante Entwicklung der chinesischen Produktivität in den letzten Jahrzehnten. In 2010 wird das chinesische BIP rund 40 Billionen Yuan erreicht haben,[10] was rund 4,5 Billionen € entspricht (Bundesrepublik Deutschland 2009: 2,24 Billionen €[11]). Man geht dabei von einem Anteil des privaten Sektors von rund 70% aus.[12] Das durchschnittliche Einkommen der städtischen Bevölkerung ist dabei allein von 1982 bis 2001 um das zwölffache gestiegen, liegt inflationsbereinigt 225% höher als damals. Verschwiegen werden darf jedoch nicht, dass trotz des Wachstums noch große Ungleichheit innerhalb des chinesischen Volks besteht. Soziale Probleme ergeben sich beispielsweise aus den ungleich verteilten Einkommen, dem sehr hohen Bevölkerungswachstum in den vergangenen Jahrzehnten, der Umweltverschmutzung oder der relativ strikten Trennung zwischen tendenziell ärmerer Land- und reicherer Stadtbevölkerung.[13] Der Außenhandel zwischen der EU und China hat sich seit 1978 auf mehr als 400 Milliarden Dollar pro Jahr verdreißigfacht.[14] Die Vertragsfreiheit ist dabei eine zentrale Voraussetzung für eine autonome Geschäftstätigkeit des internationalen Handels sowie der Wirtschaft vor Ort.

Die wesentlichen Grundsätze des Vertragsrechts sind im heutigen China in zwei Rechtsquellen zu finden; in den Allgemeinen Grundsätzen des Zivilrechts von 1986 und in dem im Jahre 1999 in Kraft getretenen Vertragsgesetz der Volksrepublik China. Neben den vertraglichen Beziehungen innerhalb Chinas findet das chinesische Vertragsrecht auf alle grenzüberschreitenden Verträge Anwendung, für die eine Rechtswahl zu Gunsten des chinesischen Rechts getroffen wurde oder welche die engste Verbindung zum chinesischen Recht aufweisen (§ 126 VG). Aus diesem Prinzip ergibt sich seine besondere Bedeutung auch für deutsche und europäische Unternehmen. Zu beachten ist bei grenzüberschreitenden Kaufverträgen zudem die mögliche Anwendbarkeit des UN-Kaufrechts, United Nations Convention on Contracts for the International Sale of Goods. Deutschland, China und die meisten

---

[10] Datastream-System (Lizenz FB 5 Uni Siegen), Key Economic Indicators 2010
[11] Statistisches Bundesamt, http://www.destatis.de.
[12] Gang, http://www.businessweek.com/magazine/content/05_34/b3948478.htm.
[13] Nee, Institutional Change, in: China`s new role, S.149 ff.
[14] Auswärtiges Amt, Länderinformationen China (online).

Staaten der Europäischen Union sind unter den insgesamt 76 Staaten der Welt, welche dieses Übereinkommen ratifiziert haben.[15]

---

[15] http://www.cisg.law.pace.edu/cisg/countries/cntries.html.

3. Teil: Die Entwicklung des chinesischen Zivilrechts

Im Folgenden wird die Entwicklung der chinesischen Rechtsordnung mit Fokus auf das Zivilrecht und die Vertragsfreiheit bis zum Status Quo näher erläutert. Gewählt wurde ein chronologischer und multiperspektivischer Ansatz, der die Wechselwirkungen zwischen Gesellschaft und Recht, wie sie bereits Montesqieu und später Savigny[16] anerkannt haben, in ausreichendem Maße berücksichtigen soll. Die Entwicklung der kodifizierten Rechtsordnung Chinas bis zum heutigen Tage steht in engem Zusammenhang mit den politisch-ideologischen, wirtschaftlichen und kulturellen Gesichtspunkten in der chinesischen Geschichte.[17] Im Falle Chinas darf insbesondere die Berücksichtigung der eigenständigen, von hiesigen Traditionen abweichenden kulturellen Identität nicht vernachlässigt werden.

„Im kulturellen System der Welt wird der Orient von den beiden großen alten Zivilisationen Chinas und Indien vertreten. Aber Indien ist immer noch ein Teil der indoeuropäischen Kultur und dem Westen nahe. Die einzige vom Westen völlig verschiedene [Kultur] ist [jene von] China."[18]

A. Kaiserreich im Jahre 221 v. Christus bis 1911

China verfügt über eine reiche Tradition als König- und Kaiserreich. Schon in der Bronzezeit sind erste entwickelte Dynastien in Teilen des heutigen China bekannt. Insgesamt geht man heute von einer monarchischen Historie von rund 4000 Jahren und einer ausgeprägten staatlichen Bürokratie seit rund 2000 Jahren aus.[19] Die Qin-Dynastie, welche die bestehenden Einzelstaaten zum ersten Mal zu einem Kaiserreich China einte, wurde 221 vor Christus in Xi´an gegründet. Sie wurden unter der Herrschaft der absolutistischen Kaiser, welche ohne Gewaltenteilung oberste weltliche und religiöse Autorität der Reiche waren, regiert und verwaltet. Diese Struktur ist trotz unterschiedlicher Machthaber bis 1911 im Wesentlichen erhalten geblieben, so dass die staatliche Ordnung über Jahrhunderte lang gefestigt und gesetzlich ausgestaltet werden konnte. Die chinesischen Reiche waren politisch verglichen mit europäischen Staaten schon früh relativ stabil und konnten ihre Gesellschaft und ihr Rechts-

---

[16] Theusner, Das Konzept von A-T und B-T im chinesischen Zivilrecht, S. 67 ff.
[17] Chen, Chinese Law Context and Transformation, S. 1.
[18] Schipper, in: Von Senger, Einführung in das chinesische Recht, S. 9.
[19] Theusner, Das Konzept von A-T und B-T im chinesischen Zivilrecht, S. 8; von Senger, Einführung in das chinesische Recht, S. 20.

system größtenteils unbeeinflusst von ausländischen Staaten entwickeln.[20] Die Rechtsprechung war eine Aufgabe unter vielen auf der untersten Ebene der kaiserlichen Bürokratie. Basis der Rechtsprechung waren dabei Rechtssätze des Kaisers, welche im Wesentlichen die Wahrung der kosmisch-sozial-ethischen Ordnung und die Strukturierung des Staates zum Ziel hatten. Bestehende Gesetze wurden in aller Regel auch vom Kaiser eingehalten, er war allerdings nicht zur Einhaltung der Gesetze gezwungen und konnte Einzelfälle durch kaiserliche Dekrete entscheiden.[21] Das erste bekannte umfassende Gesetzbuch ist das Han-Gesetzbuch von ca. 200 v. Chr., das im Wesentlichen Vorschriften zum Straf- und Verwaltungsrecht enthielt.[22] Einzelne Gesetze wie „das Buch der Strafe" von 536 v. Chr. existierten schon deutlich früher.[23] Es ist nachgewiesen, dass bezüglich der Rechtssätze eine große Kontinuität zwischen den einzelnen Dynastien bestand.[24] So galt der Qing-Kodex *Da Qing Lüli* in seiner letzten Form von 1740 bis 1911 und hat die Grundstruktur des Ming-Kodex von 1397 beibehalten. Das chinesische Recht war über den größten Zeitraum der Kaiserreiche bezogen auf die Fläche und Population des beherrschten Reichs mindestens so bedeutend wie das römische Recht in Europa[25] und hatte starke Einflüsse auch auf Korea, Japan und Vietnam. Zu betonen ist die Dominanz des Straf- und Verwaltungsrechts, während das Zivilrecht in kodifizierter Form nach europäischem Verständnis in den chinesischen Kaiserreichen eine geringe Rolle spielte. Dies kann unter anderem mit den Lehren des Konfuzianismus begründet werden: Dem Gelehrten Konfuzius (551 v. Chr. bis 479 v. Chr.) wird der Ausspruch „In hearing cases I am as good as anyone else, but what is really needed is to bring about that there are no cases" zugeschrieben.[26] Die konfuzianischen Lehren von einer kosmischen Ordnung mit sozialer Hierarchie und festen Familienstrukturen unterstützten auch Jahrhunderte nach seinem Tod die Tendenz, offene Konflikte zu vermeiden – sie waren angesichts gegebener Unter- und Überordnungsverhältnisse ja ohnehin oft gar nicht zielführend - statt vor Gericht auszutragen. Konflikte sollten möglichst harmonisch zwischen den Beteiligten geschlichtet werden, statt vor Gerich-

---

[20] Jones, Current Chinese Legal System, in: Understanding China's legal system, S. 8.; von Senger, Einführung in das chinesische Recht, S 19.
[21] Von Senger, Einführung in das chinesische Recht, S. 20.
[22] Theusner, Das Konzept von A-T und B-T im chinesischen Zivilrecht, S. 39.
[23] Chen, Chinese Law Context and Transformation, S. 9.
[24] Theusner, Das Konzept von A-T und B-T im chinesischen Zivilrecht, S. 40.
[25] Jones, Current Legal System, in: Understanding China's legal system, S. 9.
[26] Ders., S. 7.

ten die Disharmonie noch zu verstärken.[27] Dies war so auch von den verschiedenen Herrschern, als „Söhne des Himmels" ein Teil dieser kosmischen Ordnung, gewollt.[28] Die hierarchische Ungleichheit zwischen den Menschen wurde als normal betrachtet; daher waren Höflichkeit und Respekt gegenüber Höhergestellten und Familienmitgliedern Säulen der Gesellschaft. Kosmos und Erde waren dabei nach damaliger Ansicht eine Einheit und wurden durch eine natürliche Ordnung und das Gleichgewicht der Urkräfte *yin*(männlich) und *yan*(weiblich) geprägt. Auch die Ungleichbehandlung von Männern und Frauen wurde als natürlich angesehen.[29] Das Recht genoss als Kreation der im Rahmen der kosmischen Ordnung als heilig angesehenen Herrscher Respekt bei den Konfuzianern.[30] Gleichzeitig legten sie eher Wert auf moralische Bildung, als auf die Herrschaft durch Recht.[31] Im Konfuzianismus galt das Gute im Menschen als zentrale Prämisse, welches man durch Bildung als Aufbau von Tugendhaftigkeit besser unterstützen kann als durch Strafen. Als „Strafe" für Fehlverhalten sollte die Scham oder gar Schande desjenigen wirken, die er als moralisch geschulter Mensch bei Fehlverhalten empfindet. Verstöße gegen die Ethik wurden als schlimmer erachtet, als Verstöße gegen Gesetze.[32] Kam es dennoch zu gerichtlichen Auseinandersetzungen, auch in vertraglichen Fragen,[33] so wurden neben den staatlichen Rechtssätzen *fa* oft auch die *li*, heute eher unzureichend als Riten oder Rituale bezeichnet, herangezogen. Die *li* waren moralische Prinzipien, die das Verhalten der Höher- und Niedergestellten im Umgang miteinander regeln sollten, um so zur innergesellschaftlichen Konfliktlösung beizutragen und eine ideale soziale Ordnung zu schaffen.[34] Mitglieder unterschiedlicher Hierarchien konnten unterschiedlichen „Rechtsfolgen" ausgesetzt sein.[35] Zur Schaffung innergemeinschaftlicher Harmonie diente die Pflege von Werten wie Ordnung, Tugend, Kompromissbereitschaft, Eintracht und Pflichtbewusstsein. Ein starkes Beziehungsgeflecht mit der *renqing,* der Bindung an andere Personen über Gefühle und Pflichten, dominierte die

---

[27] Zweigert/Kötz, Einführung in die Rechtsvergleichung, S. 283.
[28] Von Senger, Einführung in das chinesische Recht, S. 27; Theusner, Das Konzept von A-T und B-T im chinesischen Zivilrecht, S. 11.
[29] Potter, The Chinese legal system. Globalization and local legal culture, S. 9; von Senger, Einführung in das chinesische Recht, S. 17.
[30] Von Senger, Einführung in das chinesische Recht, S. 16.
[31] Chen, Chinese Law Context and Transformation, S. 13.
[32] Jiao, Der Einfluss des deutschen BGB auf das chinesische ZGB von 1929, S. 44.
[33] Ling, Contract law in China, S. 9.
[34] Chen, Chinese Law Context and Transformation, S. 11.
[35] Potter, The Chinese legal system. Globalization and local legal culture, S. 9.

zwischenmenschlichen Beziehungen. Die Rolle des Staates beschränkte sich darauf, einzugreifen, wenn die innergemeinschaftlichen und familiären Mittel der Erziehung nicht funktionierten.[36] Der Kaiser wurde von den Konfuzianern aber ebenso als moralische Instanz und Vorbild seiner Untertanen angesehen, der eher durch moralische Bildung, statt durch gesetzliche Regelungen oder harte Strafen regieren sollte.[37] Diese Lehre, man kann sie kurz als „Lehre der Harmonie" oder „Harmonie in Unterschiedlichkeit" charakterisieren, ließ wenig Notwendigkeit für die Ausarbeitung schriftlicher Zivilgesetze. Zu berücksichtigen ist, dass die konfuzianische Lehre verschiedenen Strömungen und Einflüssen ausgesetzt war und sich zusätzlich Gegenbewegungen gebildet haben. Die chinesische Kultur über Hunderte von Jahren kann nicht auf die stringente Umsetzung der Lehren des Konfuzius (551 v. Chr. bis 479 v. Chr.) oder anderer Philosophen reduziert werden.[38]

Eine bedeutende Gegenbewegung waren die Legalisten. Die chinesischen Legalisten betrachteten das Recht als wirksames Mittel des Herrschers, seine Ziele durchzusetzen und schlechtes Verhalten der Bürger zu verhindern. Für sie hatte der Mensch im Grundsatz „böses" Potential und musste durch klare Regeln und harte Strafen zu besserem Verhalten erzogen werden. Das Recht war für die Legalisten das einzige Mittel, um einen Staat zu regieren, sie strebten die Herrschaft des Rechts an.[39] Vor dem Gesetz sollten alle Menschen gleich sein, Hierarchien wie in der „natürlichen" kosmischen Ordnung der Konfuzianer gab es nicht.[40] Die Methoden und Lösungen der Legalisten hatten einen nennenswerten, wenn auch unterschiedlich starken Anteil an der Regierungsweise der verschiedenen Dynastien.[41] Eine weitere Bewegung, die als nennenswerte Gegenentwicklung zum Konfuzianismus gesehen werden kann, ist die Tendenz zu starkem Individualismus, gar Egoismus, als Reaktion auf die sozialen Verpflichtungen im konfuzianischen System in Teilen der Bevölkerung.[42] Die oberhalb erwähnten Prinzipien haben dennoch die chinesische Rechtskultur entscheidend geprägt und den Drang zu einer schriftlichen Zivilrechtskodifikation trotz ansonsten früh ausgeprägter, systematischer Rechtsgestaltung lange Zeit geschmälert.

---

[36] Von Senger, Einführung in das chinesische Recht, 23 f.
[37] Chen, Chinese Law Context and Transformation, S. 11.
[38] Ders., S. 7.
[39] Chen, Chinese Law Context and Transformation, S. 14.
[40] Zweigert/Kötz, Einführung in die Rechtsvergleichung, S. 283.
[41] Chen, Chinese Law Context and Transformation, S. 19.
[42] Von Senger, Einführung in das chinesische Recht, S. 24.

Innerhalb des schon früh blühenden chinesischen Handels wurde ebenfalls das System persönlicher Beziehungen *guanxi* gepflegt. Gilden und Klans spielten bei der Beilegung von Konflikten eine wesentliche Rolle. Das System informeller Normen zwischen den Kaufleuten bot eine hohe Verlässlichkeit.[43] Verträge als schriftliche Dokumente existierten laut einigen chinesischen Gelehrten bereits vor rund 2000 Jahren und wurden unter Kaufleuten vor allem als Beweis einer Übereinkunft zwischen zwei Parteien und der festgelegten Pflichten genutzt.[44] Sie kamen auch in formelhaften Standardverträgen zum Einsatz.[45] Wurden vertragliche Pflichten nicht eingehalten, war neben der persönlichen Streitbeilegung auch der Weg über ein strenges, bestrafendes Strafrecht eröffnet.[46] Bereits in der Tang-Dynastie wurde auf formale Anforderungen an Verträge verzichtet. Sie waren geschützt vor staatlichen Eingriffen und genauso respektiert wie Akte der Verwaltung.[47] Im Bereich des Handels zeigt sich also früh ein Kompromiss zwischen freier Geschäftstätigkeit der Kaufleute zum Teil gestützt auf vertraglichen Übereinkünften und wohl angemessener Regulierung in erster Linie über persönliche Beziehungen und die damit verbundenen Pflichten und moralischen Prinzipien. Im Bereich der langen chinesischen Tradition als Bauernstaat wurde in besonderem Maße auf gegenseitige Unterstützung und die Vermeidung von Streitigkeiten Wert gelegt. Kam es zu Konflikten unter den Landwirten, wurden Schlichtungsstellen des Dorfes angerufen oder Familienmitglieder zur Vermittlung herangezogen. Die Rolle der Gerichte und zivilrechtlicher Normen war hier besonders unbedeutend.[48]

Man kann somit insgesamt davon ausgehen, dass auch ohne vollständige schriftliche Kodifikation des chinesischen Zivilrechts ausreichend funktionierende Regelsysteme für zwischenmenschliche Konflikte bestanden haben.[49] Die bestehenden Rechtssätze der Qing-Dynastie als letztes Erbe des Kaiserreichs sind darüber hinaus nicht nur als Sammlung einzelner Regeln, sondern als durchdachter, strukturierter Gesetzestext zu sehen.[50] Der Hang zur schriftlichen Kodifikation systematischen Aufbaus erinnert

---

[43] Potter, The Chinese legal system. Globalization and local legal culture, S. 9.
[44] Zhang, Chinese Contract law. Theory and Practice, S. 25 f.
[45] Zhou, Inneres System des deutschen Privatrechts in der VR, S. 24.
[46] Zhang, Chinese Contract Law. Theory and Practice, S. 27.
[47] Ling, Contract law in China, S. 9.
[48] Jiao, Der Einfluss des deutschen BGB auf das chinesische ZGB von 1929, S. 44.
[49] Theusner, Das Konzept von A-T und B-T im chinesischen Zivilrecht, S. 37.
[50] Jones, Current Legal System, in: Understanding China´s legal system S. 10.

dabei an den Ansatz des kontinentaleuropäischen Rechts,[51] dieser hat allerdings im Zivilrecht nicht umfassend Umsetzung gefunden. Die Trennung zwischen materiellen und verfahrensrechtlichen Vorschriften sowie Menschen- oder Grundrechte waren unbekannt.[52]

Die letzte Phase der Qing-Dynastie bis 1911 wird heute als Auslöser des Prozesses der Schaffung eines „modernen"[53] chinesischen Zivilrechts angesehen.[54] Das Reich wurde von Problemen wie sozialen Unruhen, z.b. dem Boxer Aufstand 1900, und weit verbreiteter Korruption beherrscht.[55] Dazu kamen Einflüsse des expansiven Westens, der in China vor allem Potential zur weiteren Stärkung der eigenen Wirtschaft sah und mit militärischer Macht die Öffnung der Häfen sowie eigene Konsulargerichts-barkeiten auf chinesischem Festland erzwang (Opiumkrieg 1840).[56] Diese Auseinandersetzungen und inländische Bewegungen zur Modernisierung des Landes schwächten schließlich die Führung des Reiches und zwangen die Kaiserwitwe Cixi zu Reformen. Das chinesische Zivilrecht wurde zu diesem Zeitpunkt als überholt angesehen.[57] Entgegen dem bis dahin geringen Interesse an ausländischen Rechtsordnungen wurde in den letzten Jahren des Kaiserreiches die systematische Rechtsvergleichung als Ausgangspunkt für weitere juristische Reformen herausgebildet:[58] „Try to explore legal rules of other countries, and know our own rules, to establish rules according to the real situation, in order to be suitable for China and foreign countries".[59] Erste Studenten wurden nach Japan geschickt, um dort vom unter westlichen Einflüssen reformierten Recht Japans zu lernen. Dort hatte man sich bei der Einführung einer neuen Verfassung 1889 an Preußischem Vorbild orientiert und im Zivilrecht eine Rezeption der ersten Entwürfe des deutschen BGB von 1886/1887 durchgeführt. Japan wurde wegen seiner Ähnlichkeit in historischen, ideologischen,

---

[51] Theusner, Das Konzept von A-T und B-T im chinesischen Zivilrecht, S. 41.
[52] Bu, Einführung in das Recht Chinas, S.8; von Senger, Einführung in das chinesische Recht, S. 23.
[53] Bei der Bewertung fremder Rechtsordnungen die eigenen Maßstäbe von „Modernität", „Fortschrittlichkeit" etc. anzuwenden erscheint unangebracht, vgl. Chen, Chinese Law Context and Transformation, S. 6. Die im vergangenen Jahrhundert in China entwickelte Rechtsordnung wird aber zur Abgrenzung zu den traditionellen Rechtssätzen aus der Kaiserzeit oft als „modern" bezeichnet.
[54] Theusner, Das Konzept von A-T und B-T im chinesischen Zivilrecht, S.5.
[55] Chen, Chinese Law Context and Transformation, S. 23.
[56] Theusner, Das Konzept von A-T und B-T im chinesischen Zivilrecht, S. 11ff.; Zhang, Chinese Contract Law. Theory and Practice, S. 28.
[57] Theusner, Das Konzept von A-T und B-T im chinesischen Zivilrecht, S. 45.
[58] Ders., S. 8.
[59] Kaiser Guangxu, 1902, in: Jian, Comparative Law and the Contemporary Chinese Legal System, in: Chinas new role, S. 92.

kulturellen und sprachlichen Bereichen sowie seines großen Erfolgs, unabhängig von extraterritorialen Einflüssen des Westens eigene Macht aufzubauen, als Vorbild herangezogen.[60] Die Übernahme des Rechts dieser als militärisch und wirtschaftlich starke Kaiserreiche bekannten Staaten erschien China konsequent.[61] Gleichzeitig wurde dem deutschen Recht, speziell den BGB-Entwürfen, eine hohe Qualität und Aktualität zugesprochen. Vor allem die Schärfe der Begriffsbildung und die Methodik der deutschen Wissenschaft beeindruckten.[62] Die Kolonialmächte des Westens erklärten schließlich, auf ihre extraterritorialen Rechte, vor allem die Konsulargerichtsbarkeiten, in China zu verzichten, sofern ein entsprechend herausgebildetes chinesisches Recht einen solchen Verzicht zulassen würde.[63] Sie versprachen zudem, rechtliche Reformen Chinas zu unterstützen.[64] Im Jahr 1907 wurde somit nach der Schaffung erster zivilrechtlicher Einzelgesetze mit der Arbeit an einem Zivilgesetzbuch begonnen, welches ausdrücklich die modernen Rechtsgrundsätze des Westens übernehmen sollte. Der Entwurf des Zivilgesetzbuchs übernahm die Gliederung des deutschen BGB mit den fünf Büchern Allgemeiner Teil, Schuldrecht, Sachenrecht, Familienrecht, Erbrecht.[65] Der Allgemeine Teil sowie das Schuldrecht und Sachenrecht des geplanten Zivilgesetzbuches wurden nach den Erfolgen der japanischen Rezeption dem Japaner Yoshitada zur inhaltlichen Ausgestaltung übertragen. Eine Ausnahme bildete das Familien- und Erbrecht, welches wegen der starken Bezüge zur traditionellen Rechtskultur chinesischen Juristen zur Ausarbeitung übertragen wurde. Spezielles Handelsrecht wurde nicht kodifiziert.

Nach dem Tod der Kaiserwitwe im Jahr 1908 erlebte das Kaiserreich China trotz der Reformbemühungen in verschiedenen Rechtsbereichen[66] einen fast beispiellosen Niedergang, mit dem auch die Rechtsordnung des damaligen Reiches vollständig „untergegangen" ist.[67] Der Entwurf eines Zivilgesetzbuches wurde zwar 1910 fertiggestellt, aber nie in Kraft gesetzt.[68]

---

[60] Chen, Chinese Law Context and Transformation, S. 27 f.
[61] Theusner, Das Konzept von A-T und B-T im chinesischen Zivilrecht, S. 229.
[62] Ders., S. 234.
[63] Ders., S. 45.
[64] Chen, Chinese Law Context and Transformation, S. 24.
[65] Theusner, Das Konzept von A-T und B-T im chinesischen Zivilrecht, S. 82.
[66] Chen, Chinese Law Context and Transformation, S. 25 f.
[67] Theusner, Das Konzept von A-T und B-T im chinesischen Zivilrecht, S. 5.
[68] Ders., S. 47.

B. Republik China 1912 bis 1949

Im Oktober 1911 wurde der erste chinesische Premierminister Yuan Shikai gewählt.[69] Der letzte chinesische Kaiser Puyi dankte im Februar 1912 ab. Reformen wie die Einführung eines unabhängigen Justizwesens wurden unverzüglich in Angriff genommen. Eine Konferenz zur Ausarbeitung einer Zivilrechtskodifikation wurde eingesetzt, welche neben dem Entwurf der Qing-Dynastie auch Sitten und Gebräuche in den verschiedenen chinesischen Landesteilen untersuchte. Kurz darauf schaffte Shikai die Regierung und das Parlament allerdings wieder ab, sodass auch dieser Zivilrechtsentwurf nicht fertiggestellt wurde. Shikai erklärte sich zum neuen Kaiser von China. Dies sorgte für große Unruhen, welche auch nach der Rückkehr zum republikanischen System und nach seinem Tod im Jahr 1916 nicht unter Kontrolle gebracht werden konnten. Zahlreiche Provinzen spalteten sich unter verschiedenen Kriegsherren von der Republik und ihrer zentralistischen Regierung ab. Auch in den Folgejahren war die Republik geprägt von Aufständen und Unruhen.

Im Jahr 1919 begann, ausgelöst unter anderem durch die Unzufriedenheit der Chinesen mit dem Versailler Vertrag, die „4. Mai Bewegung". Eine intellektuelle Revolution weg von traditionellen Werten wie dem Konfuzianismus, hin zu westlichen Werten und Modernisierung des Landes in der Wissenschaft und Kultur wurde angestoßen.[70] Sie war gleichzeitig der Startschuss zur Entwicklung des chinesischen Marxismus. So wurde 1921 die Kommunistische Partei gegründet.[71] Der Wunsch einer Zivilrechtsreform blieb unter der republikanischen Regierung erhalten und bekam durch die Washingtoner Konferenz 1921-1922 neue Aktualität. Hier wiederholten die Westmächte, auf die Konsulargerichtsbarkeit zu verzichten, sobald China grundlegende Gesetze nach westlichem Vorbild besitzen würde.[72] Als erster europäischer Staat erkannte zu diesem Zeitpunkt Deutschland die Republik China als gleichberechtigten Partner an.[73] Dies wird als einer der Gründe angesehen, warum die Rezeption deutschen Rechts auch in der weiteren chinesischen Geschichte eine große Rolle spielen sollte. Ein Entwurf der geplanten chinesischen Zivilrechtskodifikation kam 1925 zu Stande. Trotz neuem politischen Gedankenguts der republikanischen Führung übernahm diese Zivilrechtskodifikation die Systematik des Da-Qing-

---

[69] Theusner, Das Konzept von A-T und B-T im chinesischen Zivilrecht, S. 13.
[70] Ders., S. 17.
[71] Chen, Chinese Law Context and Transformation, S. 41.
[72] Theusner, Das Konzept von A-T und B-T im chinesischen Zivilrecht, S. 48.
[73] Von Senger, Einführung in das chinesische Recht, S. 12.

Entwurfs. Viele Vorschriften, darunter der Allgemeine Teil sowie die Begrifflichkeiten des früheren Entwurfs wurden beibehalten.[74] Auf Konfuzianische Lehren und andere traditionelle Schulen wurde seit der 4. Mai Bewegung kaum noch zurückgegriffen.[75] Der Entwurf wurde aufgrund der Auflösung des Parlaments 1926 und Zweifeln an dem Willen der westlichen Mächte, ihre Versprechungen einzuhalten, nicht als Gesetz in Kraft gesetzt. Richter wurden dennoch angewiesen, die Vorschriften des Entwurfes anzuwenden.[76]

Die politische Lage Chinas blieb weiterhin angespannt. Die Guomindang-Partei konnte nach der Niederschlagung von Kriegsherren der nördlichen Provinzen eine Regierung in der neuen Hauptstadt Nanking bilden. Sie ließ 1929 eine neue Kommission zur Zivilrechtsgesetzgebung einsetzen. Diese entwickelte bis 1930 einen neuen, den gesamten zivilrechtlichen Inhalt umfassenden Zivilrechtsentwurf nach pandektistischem Vorbild auf Basis des vorherigen Entwurfs. Inhaltliche Änderungen ergaben sich durch die nun umgesetzten Prinzipien und Gesetzgebungsrichtlinien der neuen Guomindang-Regierung. Insgesamt war die Entwicklung des Gesetzbuchs durch ihre drei zentralen Prinzipien Modernisierung, Europäisierung und Beachtung des sozialen Gesichtspunkts geprägt.[77] Die zuständige Kommission führte eine sorgfältige Rechtsvergleichung durch und übernahm neben zahlreichen direkt aus dem deutschen BGB rezipierten Regelungen auch Ideen anderer Zivilrechtskodifikationen aus der Schweiz, Japan, Russland, der Türkei oder dem französischen Entwurf eines gemeinsamen Obligatenrechts.[78] Altchinesisches Recht spielte im neuen Zivilgesetzbuch kaum eine Rolle. Gewohnheitsrecht wurde durch Verweise in einigen Normen Rechnung getragen.[79] Im Endeffekt wurden Prinzipien wie Gleichheit (auch zwischen Mann und Frau) und Freiheit in das Gesetzbuch aufgenommen, die individuellen Interessen somit berücksichtigt. Gleichzeitig wurde aber der soziale Zusammenhalt der Gesellschaft durch die Beachtung kollektiver Interessen gefördert.[80] Der Geist von sozialem Ausgleich trat damit an die Stelle von grenzenlosem Individualismus. Die Vertragsfreiheit wurde im ZGB daher beispielsweise zum Schutz

---

[74] Theusner, Das Konzept von A-T und B-T im chinesischen Zivilrecht, S. 83; Zhang, Chinese Contract Law. Theory and Practice, S. 29.
[75] Chen, Chinese Law Context and Transformation, S. 19.
[76] Theusner, Das Konzept von A-T und B-T im chinesischen Zivilrecht, S. 48.
[77] Jiao, Der Einfluss des BGB auf das chinesische ZGB von 1929, S. 15, 18.
[78] Theusner, Das Konzept von A-T und B-T im chinesischen Zivilrecht, S. 84.
[79] Jiao, Der Einfluss des BGB auf das chinesische ZGB von 1929, S.16 f.
[80] Dies., S. 18 f., 45.

von Arbeitnehmern beschränkt. Auch waren gesetzliche Grenzen und die guten Sitten zu respektieren. Verschuldensunabhängige Haftung wurde eingeführt.[81] Das Zustandekommen von Verträgen (bzw. wörtlich übersetzt wohl „Übereinkommen") wurde im ZGB folgendermaßen geregelt: „*A Qi Yue (agreement) is made when the parties had reciprocally declared either expressly or tacitly their concording intentions*". Der Begriff des Übereinkommens wurde im damaligen Gesetzbuch nicht weiter definiert. Das Übereinkommen ist aber als Quelle für die Entstehung von Pflichten benannt.[82] Man kann daher davon ausgehen, dass der grundsätzlich freie Vertragsschluss zur damaligen Zeit bereits im Mittelpunkt der Zivilrechtsordnung stand. Im Unterschied zu den bisherigen Entwürfen fand das neue Gesetzbuch auch auf Handelsbeziehungen Anwendung. Die Einführung eines zusätzlichen Handelsgesetzbuchs wurde nicht weiter verfolgt, da dieses eine historisch und gesellschaftlich nicht zu erklärende rechtliche Trennung zwischen kommerziellen und nichtkommerziellen Gesellschaftsschichten erfordert hätte. Das bis dahin traditionell ausgestaltete Familien- und Erbrecht wurde nun den europäischen Vorbildern angenähert.[83] Insgesamt sind große Ähnlichkeiten zur deutschen Rechtsordnung sichtbar, von der übereinstimmenden Struktur von fünf Büchern[84] und der Kodifikationstechnik „vom Allgemeinen zum Speziellen"[85] bis hin zu inhaltlichen Parallelen. „If the Civil Code is studied carefully from Article 1 to Article 1225, and then compared with the German Civil Code, the Swiss Civil Code and the Swiss Code of Obligations, we will find that ninety-five percent of the provisions have their origin there: they are either copied directly or copied with some change of expressions".[86] Das erste, somit vor allem vom deutschen BGB geprägte, Zivilgesetzbuch der chinesischen Geschichte wurde im Jahr 1931 in Kraft gesetzt.[87] Nun bestand eine klare Trennung zwischen öffentlichem Recht, Privatrecht und strafrechtlichen Vorschriften. Dem damaligen Gesetzbuch wird eine hohe Qualität und Reife zugesprochen.[88]

Die chinesische Gesellschaft war zu dieser Zeit geprägt von großer Armut und sozialer Ungerechtigkeit. Die KP erlebte als Gegengewicht zur herrschenden Guo-

---

[81] Jiao, Der Einfluss des BGB auf das chinesische ZGB von 1929, S. 22 f.
[82] Zhang, Chinese Contract Law, Theory and Practice, S. 30.
[83] Theusner, Das Konzept von A-T und B-T im chinesischen Zivilrecht, S. 85 ff.
[84] Jiao, Der Einfluss des BGB auf das chinesische ZGB von 1929, S. 13, 47 f.
[85] Dies., S. 51.
[86] Wu, in: Chen, Chinese Law Context and Transformation, S. 34.
[87] Theusner, Das Konzept von A-T und B-T im chinesischen Zivilrecht, S 49.
[88] Sun, Rezeption der westlichen Zivilrechtswissenschaft, S. 647 f.

mindang-Partei einen rasanten Aufstieg. Es entwickelten sich gewalttätige Auseinandersetzungen mit der Regierungspartei. Der kommunistische Führer Mao Zedong plante eine Revolution auf Basis von Stützpunkten auf dem Land. Bis 1930 stellte er eine „Bauern-Armee" von rund 50.000 Mann auf. Nach einer langen Reihe militärischer Konflikte beginnend mit dem „langen Marsch" der KP 1934, über die Allianz zwischen Kommunisten und Guomindang gegen Japan, welches China ab 1931 besetzt hatte,[89] und wiederum offenen Kämpfen der Guomindang gegen die Kommunisten befand sich China zum Ende des 2. Weltkriegs in einem landesweiten Bürgerkrieg. Das ZGB wurde in den Jahren der Republik zwar von den Gerichten angewendet, spielte im Leben speziell der Bauern aber kaum eine Rolle, da hier weiterhin früheres chinesisches Recht und alte Sitten bevorzugt angewendet wurden. Schlichtung war weiterhin populärer als der Gang vor Gericht. Die Vorschriften des ZGB erschienen dagegen eher für einen Industriestaat passend, als für die damalige Agrargesellschaft Chinas.[90]

In den Jahren 1948 und 1949 nahm die KP mit ihrer „Volksbefreiungsarmee" weite Teile des Landes ein und stürzte die Guomindang-Regierung, sie beendete damit die kurze Geschichte der Republik China.

C. Volksrepublik China 1949 bis 1978

Bei der Gründung der VR China durch die KP wurden nahezu alle Gesetze der als reaktionär angesehenen Vorgängerrepublik außer Kraft gesetzt.[91] Es galt einzig und allein das Allgemeine Programm der Politischen Konsultativkonferenz des Chinesischen Volkes. Die Regierungsarbeit verlief pragmatisch, oft im Rahmen von spontanen Massenkampagnen, ohne zugrundeliegenden Plan. Gesetze wurden zum Teil missachtet, die Partei und der Staat wurden in ihrer Bedeutung höher eingeschätzt als das Recht. Schwierig war das Verhältnis des nun sozialistischen Staates zu einem Zivilgesetzbuch. Ein Zivilgesetzbuch, welches privates Eigentum, den Warenverkehr unter Privaten usw. regelt, war nach Lenin mit den Prinzipien eines sozialistischen Staates unvereinbar. Privatautonomie, normalerweise Kern einer Zivilrechtsordnung und traditionell entscheidendes Abgrenzungskriterium vom öffentlichen

---

[89] Von Senger, Einführung in das chinesische Recht, S. 12.
[90] Jiao, Der Einfluss des BGB auf das chinesische ZGB von 1929, S. 151 f.
[91] Von Senger, Einführung in das chinesische Recht, S. 11.

Recht,[92] konnte es nicht geben.[93] Diese Doktrin der Vertragsfreiheit als Voraussetzung für das Wohl der Allgemeinheit durch wirtschaftlichen Erfolg wird Verfechtern der freien Marktwirtschaft wie Adam Smith zugeschrieben[94] und hatte in der neuen planwirtschaftlich organisierten VR keinen Platz. Eine Rezeption westlichen Zivilrechts konnte aus politischen Gründen ohnehin nicht stattfinden.[95]

Die Prinzipien und Organisationsformen des neuen Staates nach sozialistischem Vorbild konnten innerhalb der ersten fünf Jahre der neuen Republik gesetzlich festgelegt und der bankrotte und lange Zeit im Kriegszustand befindliche Staat zügig wiederaufgebaut werden („Stadium des rechtlichen Aufbaus").[96] Das Recht wurde in den ersten Jahren der VR in erster Linie als Mittel angesehen, um staatliche Kontrolle über alle Lebensbereiche auszuüben.[97] Zentrale Merkmale eines sozialistischen Staates wie die Kontrolle der Wirtschaft durch staatlichen Plan oder das Verbot von Privateigentum an Produktionsmitteln wurden auf rechtlicher Basis durchgesetzt. Verträge wurden als Mittel zur Durchsetzung von Wirtschaftsplänen anerkannt, aber nicht mehr als Mittel um Transaktionen zwischen Individuen zu regeln.[98] Sie wurden auf Basis der Einstweiligen Vorschriften zum Vertragsabschluss zwischen den Behörden, Staatsbetrieben und Genossenschaften ab 1950 wirksam reguliert. Die Schließung eines Vertrags wurde bei allen Geschäften, die nicht sofort vollendet werden konnten, vorgeschrieben. Schadenersatz bei Vertragsverletzungen wurde eingeführt und bestimmte Vertragstypen wie Kauf, Darlehen oder besondere Regelungen für einzelne Branchen wie den Eisenbahntransport wurden zu Beginn der 50er Jahre normiert.[99] Insgesamt bestand also ein Wirtschaftsvertragssystem, das Verträge nur zwischen juristischen Personen im Rahmen ihrer Geschäftstätigkeit und unter Aufsicht der vorgesetzten Behörden gestattete.[100]

In die Verfassung von 1954 wurde zum ersten Mal das Ziel einer „sozialistischen Industrialisierung" aufgenommen. Im Jahr 1956 wurde unter Staatspräsident Liu

---

[92] Zhou, Inneres System des deutschen Privatrechts in der VR, S. 27.
[93] Theusner, Das Konzept von A-T und B-T im chinesischen Zivilrecht, S. 50.
[94] Hong Kong University: course on contract law (online); Busche, Privatautonomie und Kontrahierungszwang, S. 47.
[95] Theusner, Das Konzept von A-T und B-T im chinesischen Zivilrecht, S. 89.
[96] Ders., S. 24.
[97] Potter, The Chinese legal system. Globalization and local legal culture, S. 2.
[98] Chen, Chinese Law Context and Transformation, S. 444.
[99] Shi, Die Prinzipien des chinesischen Vertragsrechts, S. 23 f.
[100] Wang, Rechtsvergleichende Untersuchung AGZ BGB, S. 124 f.

Shaoqi als Voraussetzung dafür die Notwendigkeit eines systematischeren Vorgehens hin zu einem Aufbau des Rechtssystems einschließlich eines umfassenden Zivilgesetzbuches erkannt.[101] Sowjetische Rechtsquellen wurden in dieser Zeit übersetzt und studiert. Da das sowjetische Zivilgesetzbuch strukturell und methodisch stark durch das BGB geprägt war, eröffnete sich hier wiederum ein Einfalltor für pandektistische Anleihen. Inhaltlich war das sowjetische Recht als Basis der chinesischen Rezeption allerdings marxistisch geprägt.[102] Privatautonomie spielte, im Gegensatz zu den recht liberalen Vorschriften des früheren ZGB, hier keine Rolle. Das Familienrecht wurde aus dem Gesetzbuch entfernt.[103] Ein erster Konsultationsentwurf für ein neues chinesisches Zivilgesetzbuch basierend auf dem sowjetischen Zivilgesetzbuch von 1922 lag 1956 vor.[104] Spannungen zwischen Intellektuellen der ehemaligen Guomindang-Partei und der kommunistischen Führung prägten allerdings weiterhin die Nation.[105] Rechtsprinzipen wie die Rechtmäßigkeit staatlichen Handels, die Gleichheit vor dem Gesetz, die Unabhängigkeit von Richtern usw. wurden als reaktionär und entwicklungshemmend[106] angesehen und abgeschafft. Ebenso erging es 1959 dem gesamten Justizministerium. Das Recht wurde, statt ihm wie von Shaoqi geplant wieder mehr Geltung einzuräumen, in dieser Phase regelmäßig missachtet, das Land durch Massenkampagnen regiert. In dieser Zeit der „neuen Rechtlosigkeit" wurden die Pläne eines konsistenten Zivilgesetzbuches fallen gelassen. Ende der 50er Jahre war ein strikt planwirtschaftliches Wirtschaftssystem umgesetzt: Waren wurden, auch gegenüber den Betrieben, zugeteilt, vertragliche Beziehungen zwischen den Produktionseinheiten durch Verwaltungshandeln ersetzt, was in eine stark negative Entwicklung der Wirtschaft mündete.[107] Um die wirtschaftliche Produktion zu steigern, wurde von Mao 1959 das Programm des „Großen Sprunges nach vorn" ins Leben gerufen. Der Versuch, eine große Zahl von Landwirten durch Produktivitätssteigerungen in der Landwirtschaft einzusparen und sie in der Industrie einzusetzen, sorgte aber nicht für zusätzliche wirtschaftliche Stärke, sondern für einen Nahrungsmangel und eine große Hungersnot. Als Reaktion darauf wurde

---

[101] Chen, Chinese Law Context and Transformation, S. 332, S. 48.
[102] Theusner, Das Konzept von A-T und B-T im chinesischen Zivilrecht, S. 90.
[103] Sun, Rezeption der westlichen Zivilrechtswissenschaft, S. 648.
[104] Jiao, Der Einfluss des BGB auf das chinesische ZGB von 1929, S. 155; Theusner, Das Konzept von A-T und B-T im chinesischen Zivilrecht, S. 53.
[105] Theusner, Das Konzept von A-T und B-T im chinesischen Zivilrecht, S 25.
[106] Chen, Chinese Law Context and Transformation, S. 49.
[107] Wang, Rechtsvergleichende Untersuchung AGZ BGB, S. 125, 12.

die Notwendigkeit einer systematischeren Wirtschaftsentwicklung und einer rechtlichen Basis von Mao anerkannt. Ein neuer Zivilrechtsentwurf, weiterhin angelehnt an sowjetisches Recht,[108] wurde 1964 fertiggestellt. Privatautonomie wurde nicht anerkannt, stattdessen war das Bild der Wirtschaft als vertikale Beziehung zwischen produzierenden Einheiten und dem Staat prägend für den neuen Entwurf.[109] In den Folgejahren der Republik kam es, ausgelöst durch die von Mao ausgerufene „Große Proletarische Kulturrevolution", wieder zu bürgerkriegsähnlichen Zuständen in China. Intellektuelle wurden umgebracht, kulturelle Werke zerstört. Der Zivilrechtsentwurf spielte keine Rolle mehr. Die Regierung selbst war in zwei Gruppen gespalten, die „Linken" oder „Maoisten" gegen die „Pragmatiker". Beim sogenannten Tianmen-Zwischenfall in Peking wurden im Jahr 1976 mehrere Hundert meist studentische Demonstranten durch das Militär getötet. Sie hatten unter anderem gegen die Politik von Jiang Qing, Ehefrau Maos und einer der Köpfe der „Linken"-Gruppe, demonstriert. Nach dem Tod Maos lies sein Nachfolger Hua Guofeng die hochrangigen Vertreter der Maoisten einschließlich Qing („Viererbande") verhaften und beendete damit die Kulturrevolution. Es begann der (erneute) Aufstieg zur Macht von Deng Xiaoping.

Während der Kulturrevolution und anschließend bis 1978 wurden nahezu keine neuen Gesetze erlassen. Gesetze wurden stattdessen außer Kraft gesetzt, das Rechtssystem zerstört. In der unruhigen Zeit zwischen 1965 und 1974 wurde keine einzige Parlamentssitzung des Nationalen Volkskongress abgehalten. Die Ausbildung von Juristen wurde von 1966 bis 1976 ebenfalls nahezu eingestellt. Recht wurde als kapitalistisches Instrument zur Unterdrückung der sozialistischen Revolution propagiert.[110] Orientierung boten nur die Werke der fünf Klassiker, Marx, Engels, Lenin, Stalin und Mao sowie die Kampagnen der Partei. Vor allem Verträge wurden als kapitalistische Symbole vollständig abgelehnt, das Vertragssystem blieb seit 1958 komplett abgeschafft.[111] China befand sich für einige Jahre in einem juristischen Vakuum.

---

[108] Chen, Chinese Law Context and Transformation, S. 50.
[109] Ders., S. 334.
[110] Theusner, Das Konzept von A-T und B-T im chinesischen Zivilrecht, S. 55.
[111] Shi, Die Prinzipien des chinesischen Vertragsrechts, S. 25 f.

D. Volksrepublik China 1978 bis heute

Das Jahr 1978 wird als Wendepunkt in der chinesischen Rechtshistorie gesehen.[112] Mit Beginn der Amtszeit von Deng Xiaoping als Stellvertreter des Parteiführers, der seitdem die bestimmende Figur in der KP war, wurde die Reform- und Öffnungspolitik der VR eingeläutet („Neuer großer Sprung nach vorn"). Die KP der Nach-Mao-Ära nahm bereits 1978 das Ziel der vier Modernisierungen in die Verfassung auf. Bis zum Jahr 2000 sollte China durch die Modernisierung der Industrie, der Landwirtschaft, der Verteidigung sowie der Wissenschaft und Technik zu einem modernen und führenden Staat entwickelt werden. Deng hatte die niedrige Produktivität der planwirtschaftlich geprägten Industrie und die Schwierigkeiten der Landwirtschaft, genügend Lebensmittel für die rapide steigende Bevölkerung zu liefern, erkannt. Handelsbeziehungen zu ausländischen Staaten waren ebenso unterentwickelt bzw. kaum existent.[113] Das Recht musste angepasst werden, um einerseits eine beständige wirtschaftliche Entwicklung zu ermöglichen, gleichzeitig durch seine strikte Durchsetzung die sozialistische Ordnung unter der Führung der KP sichern zu können.[114] Dies sollte durch die Einführung marktwirtschaftlicher Elemente neben der bisherigen Planwirtschaft geschehen.[115] Beispielsweise durften staatseigene Betriebe nun wirtschaftlich freiere Entscheidungen treffen („Trennung von Eigentum und Management"), nach Erfüllung des Staatsplans selbständig weiter produzieren und verkaufen.[116] Kreditverträge, Außenhandelsbeziehungen und die Zusammenarbeit mit ausländischen Unternehmen in Form von Joint Ventures wurden den staatseigenen Betrieben erlaubt, andere staatseigene Betriebe wurden vollständig privatisiert, Aktiensysteme und Sonderwirtschaftszonen eingeführt usw. Das Privateigentum wurde später stark erweitert. Die Privatwirtschaft wurde so zum ersten Mal entwickelt und eine Zusammenarbeit zwischen staatlichen und privaten Betrieben angestoßen. Auf dem Land wurden die Bauern zu selbständig wirtschaftenden Einheiten auf der Basis von Haushalten und Verträgen mit dem jeweiligen Dorf angehalten. Der Vertrag war in dieser teilweise reformierten Wirtschaftsordnung ein unentbehrliches Mittel im Geschäftsprozess geworden.[117]

---

[112] Bu, Einführung in das Recht Chinas, S. 2.
[113] Theusner, Das Konzept von A-T und B-T im chinesischen Zivilrecht, 31 f.
[114] Ders., S. 56; Chen, Chinese Law Context and Transformation, S. 52.
[115] Potter, The Chinese legal system. Globalization and local legal culture, S. 1.
[116] Shi, Die Prinzipien des chinesischen Vertragsrechts, S. 26.
[117] Dies., S. 26 f.

Deng wählte einen pragmatischen, wenig ideologischen Ansatz in der Entwicklung des Rechts. Ihm war bewusst, dass es China an juristisch ausgebildeten Leuten fehlt und die Gesetze daher anfangs nicht perfekt sein würden. Nachbesserungen oder spätere Ergänzungen einzelner Vorschriften nahm er deshalb in Kauf. „Kurz, es ist besser einige Gesetze zu haben als keine, und es ist besser sie früher als später zu haben. Darüber hinaus sollten wir unsere Studien ausländischen Rechts verstärken." Die Wandlung im chinesischen Recht sollte zur Einführung des Prinzips der Herrschaft des Rechts *fa zhi* führen. Grundsätze wie die Gleichheit vor dem Gesetz oder die Einhaltung des Rechts durch die Verwaltung wurden früh als notwendige Grundlagen des neuen Rechtssystems anerkannt.[118] Die ablehnende Haltung gegenüber den Gesetzen der Vorgängerrepublik hatte sich schnell wieder abgeschwächt und der Import des Rechts wurde von Anbeginn der Reformen als wichtig angesehen. Die ersten neuen Gesetze in der Nach-Mao-Ära waren dabei in erster Linie noch durch das sowjetische Recht geprägt.[119] Damals war eine Arbeitsgruppe ins Leben gerufen worden, welche bis zum Jahr 1982 einen neuen Zivilrechtsentwurf erarbeitete. Ursprünglich sollte ein vollständiges Zivilgesetzbuch erlassen werden. Die Kommission unterstützte im Endeffekt aber die Linie von Deng, in Zeiten großer Unsicherheit wegen der gerade begonnenen wirtschaftlichen Reformen zuerst Einzelgesetze statt eines umfassenden Zivilgesetzbuchs einzuführen.[120] Diese Einzelgesetze sollten mit einem Kodex „Allgemeine Grundsätze des Zivilrechts" verbunden werden. Dieses Gesetzbuch wurde 1986 fertiggestellt und zum 1. Januar 1987 in Kraft gesetzt. Es bildet bis heute die Basis des chinesischen Zivilrechts. Die AGZ beruhen auf Entwürfen aus den 50er-Jahren, welche sowohl kontinentaleuropäisch, als auch durch sowjetisches Recht geprägt waren.[121] Ziel der AGZ war die Förderung der sozialistischen Warenwirtschaft.[122] Die AGZ werden von manchen Gelehrten als „deutsches Recht" bezeichnet.[123] Zumindest werden die AGZ zu Recht als Beginn einer neuen Ära des chinesischen Zivilrechts angesehen, da nun zum ersten Mal überhaupt zu Zeiten der VR ein relativ umfassendes kodifiziertes Zivilrecht bestand. Der Schutz der Rechte von natürlichen und juristischen Personen wurde zum ersten Mal gesetzlich

---

[118] Theusner, Das Konzept von A-T und B-T im chinesischen Zivilrecht, S. 96.
[119] Potter, The Chinese legal system. Globalization and local legal culture, S. 4.
[120] Zhang, Chinese Contract Law. Theory and Practice, S. 9; Jiao, Der Einfluss des BGB auf das chinesische ZGB von 1929, S. 156.
[121] Potter, The Chinese legal system. Globalization and local legal culture, S. 4.
[122] Zhou, Inneres System des deutschen Privatrechts in der VR, S. 151.
[123] Jones, in: Von Senger, Einführung in das chinesische Recht, S. 13.

festgelegt.[124] Die Entwicklung der AGZ war der Startschuss einer umfassenden Gesetzgebung.[125] Neben dem genannten Strafrecht und WVG wurden bereits bis 1986 unter anderem folgende Einzelgesetze erlassen: Gemeinschaftsunternehmensgesetz, Ehegesetz, Warenzeichengesetz, Zivilprozessordnung, Patentgesetz, Erbrechtsgesetz, Wirtschaftsvertragsgesetz mit Außenwirkung, Technologievertragsgesetz. China ratifizierte des Weiteren das UN-Kaufrecht (CISG) im Jahre 1986.

Dem Vertragsrecht zu Grunde liegend war der Konsens, dass Vertragsgesetze zur Regulierung von rechtlichen Beziehungen in Zivil- und Handelsfragen mit Verträgen als gegenseitige Einigung zwischen Parteien dienen. „Contract in essence is an agreement."[126] Als erstes großes Vertragsgesetz der VR war 1981 das Wirtschaftsvertragsgesetz in Kraft gesetzt worden, obwohl sich die dazugehörigen AGZ mit ihren Grundregeln des Zivilrechts noch im Entwurfsstadium befanden. Ziel des WVG war ein Schutz der sozialistischen Wirtschaftsordnung durch vermehrte und klar geregelte Nutzung von Verträgen. Wirtschaftspläne sollten effizient und nachprüfbar umgesetzt werden. Der Anwendungsbereich war auf Verträge mit wirtschaftlichem Zweck zwischen heimischen juristischen Personen beschränkt.[127] Das WVG enthielt Vorschriften für zehn wirtschaftsbezogene Vertragstypen.[128] Zu Beginn der neuen Reformphase mit dem im Gesetz definierten Ziel einer sozialistischen Modernisierung und orientiert am sowjetischen Recht erlassen, enthielt das Gesetz noch keine allgemeine Vertragsfreiheit. Wirtschaftseinheiten dürfen seit Einführung des WVG aber relativ frei Verträge untereinander abschließen, sofern sie dabei nicht gegen den Staatsplan oder bestehende Gesetze verstoßen. Als wichtige Inhalte im Gesetz geregelt waren allgemeine Bestimmungen über Vertragsabschlüsse und deren Erfüllung, die Abänderung und Auflösung von Verträgen, die Verpflichtungen in Folge von Vertragsverletzungen, Schlichtungsmechanismen für vertragliche Streitigkeiten und Regelungen für die Verwaltung von Verträgen durch öffentliche Instanzen. Gleichheit und Freiwilligkeit der Parteien wurden als Grundsätze in das Gesetz aufgenommen (§ 5 WVG).[129] Die Möglichkeit staatlicher Interventionen stand im

---

[124] Zhou, Inneres System des deutschen Privatrechts in der VR, S. 151.
[125] Wang. Rechtsvergleichende Untersuchung AGZ BGB, S. 53 ff.
[126] Zhang, Chinese Contract Law. Theory and Practice, S. 31 f.
[127] Chen, Chinese Law Context and Transformation, S. 445.
[128] Potter, The Chinese legal system. Globalization and local legal culture, S. 39.
[129] Shi, Die Prinzipien des chinesischen Vertragsrechts, S. 31.

Widerspruch zu dieser, auch in den AGZ festgelegten, Gleichheit.[130] Die Revision des WVG von 1993 kam es zu einer Revision des WVG. Sie übernahm zu diesem Zeitpunkt wie die Verfassung die Zielsetzung einer sozialistischen Marktwirtschaft und entfernte Vorschriften, welche die Kontrolle durch den Staatsplan festgelegt hatten. Damit waren Verträge nicht mehr direkt vom Staatsplan abhängig. Stattdessen wurde die Pflicht zur Beachtung staatlicher Politik in das Gesetz aufgenommen.[131] Der Anwendungsbereich des Gesetzes wurde u.a. auch auf selbständige Gewerbetreibende und vertragsgebundene Landwirtschaftshaushalte (siehe auch §§ 26 ff. AGZ) ausgeweitet.[132] Wirtschaftliche Verträge von Bürgern außerhalb der genannten Rechtsformen blieben nicht erfasst.[133] Der Zugriff des Staates in das Vertragsverhältnis wurde reduziert, indem nun nur noch Industrie- und Handelskammern Verträge prüfen und ihre Erfüllung beaufsichtigen durften.[134] Die Revision von 1993 setzte somit wesentliche Reformen zur Liberalisierung des Marktes um, ohne den vielleicht entscheidenden Schritt zur Vertragsfreiheit für die chinesischen Bürger zu gehen.

1985 wurde dem WVG das Wirtschaftsvertragsgesetz mit Außenwirkung an die Seite gestellt, welches die vertraglichen Beziehungen zu ausländischen Personen regelte.[135] Es war damals als notwendig erachtet worden, für den Regelungsbereich des Außenhandels und ausländischer Investitionen besondere Regelungen zu schaffen.[136] Auch bei dem WVGA spielte die Orientierung am sowjetischen Recht noch eine Rolle. Zu nennen ist hier die staatliche Zustimmungspflicht zu Verträgen, bis zu der diese nicht wirksam waren,[137] und die Klausel, dass Verträge die gegen die öffentlichen Interessen der chinesischen Gesellschaft verstoßen, unwirksam sind.[138] Inhaltlich ging die VR hier aber dennoch einen Schritt weiter in Richtung Vertragsfreiheit. Internationalen Handelsgebräuchen und –abkommen wurde mit dem Ziel der Stärkung der Außenwirtschaft eher Rechnung getragen, als sozialistischen Werten. Natürliche Personen waren aber auch hier vom Anwendungsbereich ausgeschlos-

---

[130] Chen, Chinese Law Context and Transformation, S. 453 f.
[131] Potter, The Chinese legal system. Globalization and local legal culture, S. 39; Ling, Contract law in China, S. 14.
[132] Shi, Die Prinzipien des chinesischen Vertragsrechts, S. 21.
[133] Zhang, Chinese Contract Law. Theory and Practice, S. 7.
[134] Shi, Die Prinzipien des chinesischen Vertragsrechts, S. 40.
[135] Shi, Die Prinzipien des chinesischen Vertragsrechts, S. 29 f.
[136] Zhang, Chinese Contract Law. Theory and Practice, S. 328; Potter, The Chinese legal system. Globalization and local legal culture, S. 39.
[137] Potter, The Chinese legal system. Globalization and local legal culture. S. 46.
[138] Leiden-Beijing, Cultural Characteristics in the Chinese Contract Law, S. 22.

sen, so dass es keine rechtliche Legitimation für Verträge zwischen natürlichen Personen in China und ausländischen Unternehmen gab.[139] Verträge mit Joint-Ventures oder Unternehmen in China in ausländischem Eigentum fielen ebenfalls nicht unter den Anwendungsbereich des WVGA, da diese den Status einer juristischen Person nach chinesischem Recht annahmen.[140] Sie waren damit an die ursprünglich strengeren Regelungen des WVG gebunden.

Dazu kam 1987 das Technologievertragsgesetz. Es ist das erste wirtschaftlich orientierte Gesetz, welches auch chinesische Bürger in den Anwendungsbereich aufnahm. Es gab somit klare Regelungen auch für den Vertragsschluss zwischen Bürgern und Unternehmen. Der Anwendungsbereich beschränkte sich jedoch lediglich auf Technologie- oder Technikverträge ohne Auslandsberührung. Chinesische Bürger waren nur befugt, Technikverträge abzuschließen.[141] Diese drei Gesetze bildeten zusammen mit den AGZ als Grundlage aller Verträge nicht-wirtschaftlicher Art die wesentlichen Quellen für Vertragsrecht in der VR China bis 1999.

In der Gesetzgebung der 80er Jahre ist insgesamt eine schrittweise Abkehr vom ehemaligen sowjetischen Vorbild zu erkennen. Die Rezeption von europäischem und nordamerikanischem Recht gewann dagegen weiter an Bedeutung.[142] Ideologische Bedenken gegenüber rechtsvergleichender Arbeit mit ausländischen Rechtsquellen wurden bis in die 1990er nach und nach abgebaut.[143] 1992 wurde unter diesem Einfluss das Ziel einer „sozialistischen Marktwirtschaft" in die Verfassung aufgenommen.[144] Im Zuge der wirtschaftlichen Reformen Chinas erkannten mehr und mehr Gelehrte, dass die chinesische Rechtsordnung mit dem internationalen System harmonieren muss. Ein Privatrecht, das allen Marktteilnehmern gleiche Rechte garantiert, wurde vor allem seit den 1990ern von chinesischen Rechtsgelehrten als zentrale Voraussetzung für die angestrebte Herrschaft des Rechts, seit 1999 in der Verfassung festgelegt,[145] gesehen.[146] Das chinesische Rechtssystem ist also das Produkt der bewussten politischen Entscheidung, einen institutionellen Rahmen zu

---

[139] Zhang, Chinese Contract Law. Theory and Practice, S. 7.
[140] Chen, Chinese Law Context and Transformation, S. 446.
[141] Zhang, Chinese Contract Law. Theory and Practice, S. 8.
[142] Potter, The Chinese legal system. Globalization and local legal culture, S. 5.
[143] Chen, Chinese Law Context and Transformation, S. 335.
[144] Ders., S. 56.
[145] Kritische Betrachtung in dieser Arbeit, S. 30 f.
[146] Chen, Chinese Law Context and Transformation, S. 60 ff.

schaffen, der das Wachstum der Wirtschaft unterstützt.[147] Dabei soll nach Deng (1992) der Sozialismus die – sofern vorhanden – positiven Aspekte des Kapitalismus übernehmen und nutzen.[148] Der chinesische Gesetzgeber verfolgt heute das Prinzip, den Aufbau der Rechtsordnung gemeinsam mit dem Aufbau der Wirtschaft voranzutreiben um zu vermeiden, dass die Entwicklung des Rechts nicht mit dem Wirtschaftswachstum Schritt halten kann.[149] Diese chinesische Entwicklung zur Öffnung der Märkte ist durch die allgemeine Globalisierung, die tiefgreifende, fast weltweite Verbreitung liberaler Ideen von Privatautonomie und freien Märkten, verstärkt worden.[150]

Das Vertragsgesetz als Hauptwerk über schuldrechtliche Beziehungen und mögliche Quelle heutiger Vertragsfreiheit konnte erst 1999, zwei Jahre nach dem Tod Deng Xiaopings, eingeführt werden. Es gilt als eines der ersten chinesischen Gesetzeswerke, das sich auf hohem wissenschaftlichem Niveau bewegt sowie klare Formulierungen dem traditionell eher vagen Stil früherer chinesischer Gesetze vorzieht.[151] Seine materielle Bedeutung ergibt sich vor allem aus dem rasant gestiegenen Volumen des Geschäftsverkehrs auf Basis von Verträgen seit ca. 1980 und der dadurch gestiegenen Aufmerksamkeit der Menschen in Bezug auf die Vollstreckung und die Achtung der Rechte und Pflichten aus Verträgen.[152] Bemerkenswert am VG ist, dass durch dieses Gesetzbuch die vorher drei parallel gültigen Regelungen WVG, WVGA und TVG zu einer einheitlichen Kodifikation zusammengefasst wurden. Zahlreiche Inhalte dieser Kodifikationen wurden übernommen, die Ausrichtung des VG insgesamt aber hin zu einer Förderung von privatwirtschaftlichen Verträgen im Rahmen der Öffnungspolitik der vergangenen Jahrzehnte geändert. Die drei verschiedenen Gesetze hatten sich bis dahin wegen der unterschiedlichen ideologischen Einflüsse in einigen Normen so unterschieden, dass es zu Unstimmigkeiten des Gesamtsystems gekommen war.[153] So kannte zum Beispiel das WVG Verschulden als Tatbestandsvoraussetzung einer Haftung bei Vertragsverletzungen, während das WVGA auch ohne

---

[147] Potter, The Chinese legal system. Globalization and local legal culture, S. 1.
[148] Chen, Chinese Law Context and Transformation, S. 55.
[149] People´s Republic of China, The process of building China´s legal system, S.1.
[150] Potter, The Chinese legal system. Globalization and local legal culture, S. 5.
[151] Knieper, Einige Aspekte der Zivil- und Wirtschaftsrechtsreform, in: Newsletter der deutsch-chinesischen Juristenvereinigung e.V., S. 6.
[152] Shi, Die Prinzipien des chinesischen Vertragsrechts, S. 37; Ling, China´s new contract law, in: Comparative analysis, S. 1.
[153] Ling, China´s new contract law, in: Comparative analysis, S. 2.

Verschulden eine Haftung der verletzenden Partei vorsah. Schwierig war zudem die Frage der Anwendbarkeit der einzelnen Gesetzbücher bei Verträgen mit Elementen verschiedener Vertragstypen.[154] Die bestehenden Regelungen wurden oft auch als zu unbestimmt empfunden. Neuere Vertragstypen wie Leasing- oder Brokerverträge waren gar nicht gesetzlich kodifiziert. Dazu kam die gestiegene Anzahl von Täuschungen durch Verträge, welche zum Schutz der sozialen Ordnung unterbunden werden mussten. Auch ist ein Vertragsrecht, das, zumindest teilweise, auf der Theorie einer Planwirtschaft basiert, in den 1990ern als insgesamt veraltet und daher reformbedürftig angesehen worden. Zwar war das WVG 1993 reformiert worden; diese Aktualisierung des Gesetzes wurde aber als nicht ausreichend betrachtet, um die Reformbemühungen der chinesischen Öffnungspolitik umzusetzen. Dazu kaum außenpolitischer Druck beispielsweise von den USA, die von China die Einführung eines einheitlichen Vertragsrechts im Einklang mit internationaler Handelspraxis forderten. 1993 begann somit die Arbeit an einem einheitlichen Vertragsgesetzbuch. Es sollte auf den AGZ aufbauen um eine gewisse Kontinuität zu wahren und einheitliche Prinzipien für alle Vertragstypen definieren. Erfahrungen aus der Anwendung der bisherigen Gesetze und die früheren Interpretationen des chinesischen Supreme Courts als höchstes Zivilgericht sollten genauso berücksichtigt werden, wie internationale Erfahrungen im Bereich des Vertragsrechts. Es sollte zudem Regelungen für neue, aber bereits verbreitete Vertragstypen wie den Leasingvertrag beinhalten und im Einklang mit den Inhalten des WTO-Abkommens stehen.[155] Aus dem Protokoll zur Überarbeitung des VG lässt sich eine intensive Rezeption des BGB, des HGB und des damaligen AGB-Gesetzes nachweisen. Zu nennen sind beispielsweise die Vorschriften zu bedeutenden Vertragstypen wie Kauf, Schenkung oder Auftrag, sowie die Regelungen über Handelsvertreter und die Sachmängelhaftung. Neben dem deutschen und japanischen Zivilrecht sind die UNIDROIT Prinzipien und das UN-Kaufrecht sowie einzelne Elemente des Common Law herangezogen worden. Die Erstellung der Entwürfe des neuen Gesetzes lief insgesamt sehr systematisch ab. Neben zwölf akademischen Instituten wurden externe Gelehrte und Praktiker mehrfach um ihre Meinung und Vorschläge zum neuen Entwurf gebeten. Nach einigen

---

[154] Zhang, Chinese Contract Law. Theory and Practice, S. 8.
[155] Ling, China´s new contract law, in: Comparative analysis, S. 2 ff.; Shen, Die sozialistische Marktwirtschaft und das chinesische Vertragsrecht, in: Zivil- und Wirtschaftsrecht im europäischen und globalen Kontext, S. 129.

Verzögerungen in der Umsetzung des Gesetzes konnte das VG im Oktober 1999 in Kraft treten. Es ist das erste Vertragsgesetzbuch in China, welches einheitlich alle Verträge regelt, unabhängig ob natürliche oder juristische, inländische oder ausländische Personen, wirtschaftliche oder „private" Sachverhalte beteiligt sind. Die AGZ von 1986 bleiben bis heute neben dem VG gültig, speziellere Normen des VG sind vorrangig anzuwenden.

2007 trat zudem das neue Sachenrechtsgesetz in Kraft, welches durch die Definition der verschiedenen Eigentumsformen, Anerkennung und Schutz von Privateigentum usw. eine weitere wichtige Säule einer vollständigen, reformierten Rechtsordnung darstellt. Dazu kommen beispielsweise das Arbeitsvertragsgesetz oder das Deliktsgesetz als neue Gesetzbücher der letzten Monate. An dieser Stelle können nicht alle weiteren bedeutenden Gesetze der zahlreichen rechtlichen Reformen der letzten Jahrzehnte erläutert werden. Festzustellen bleibt, dass auch heute unter dem neuen Premierminister Wen Jiabao der Öffnungskurs fortgesetzt wird.[156] Heute findet dabei die Orientierung an fremden Rechtsordnungen ideologiefrei statt.[157] Fast alle essentiellen Bereiche des Rechts sind so in China mittlerweile durch aktuelle Rechtsordnungen kodifiziert worden. Insgesamt sind seit 1979 über 300 Gesetze erlassen worden. Die Zahl der Verwaltungsverordnungen und lokalen Verordnungen liegt bei weit über 100.000.[158] Es existiert ein klar strukturiertes Gerichtssystem[159] und die Ausbildung der Juristen wird systematisch ausgebaut.[160] Politische Strukturreformen blieben dagegen weitgehend aus.[161]

Im Zivilrecht ist man weiterhin bestrebt, auf Basis der bestehenden Zivilgesetze ein vollständiges, modernisiertes Zivilgesetzbuch fertig zu stellen. Seit 2002 gibt es einen Entwurf, der die Inhalte der bisherigen selbständigen Bücher verbindet.[162] Entgegen der ursprünglichen Planung soll nun wohl ein „Schritt-für-Schritt"-Vorgehen erfolgen. Auf die Umsetzung des Entwurfs im Ganzen konnte man sich auch nach Jahren der Diskussion bisher nicht einigen. Erste bedeutende Bücher neben dem VG,[163] die

---

[156] Potter, The Chinese legal system. Globalization and local legal culture, S. 5.
[157] Chen, Chinese Law Context and Transformation, S. 66.
[158] Chen, Chinese Law Context and Transformation, S. 171 ff.
[159] Bu, Einführung in das Recht Chinas, S. 15 ff.; Chen, Chinese Law Context and Transformation, S. 148 ff.
[160] Bu, Einführung in das Recht Chinas, S. 11 ff., GTZ 82 f.
[161] Theusner, Das Konzept von A-T und B-T im chinesischen Zivilrecht, S. 34.
[162] Jiao, Der Einfluss des BGB auf das chinesische ZGB von 1929, S. 157.
[163] Zhang, verbraucherschützendes Widerrufsrecht, S. 8.

voraussichtlich in das einheitliche neue Gesetzbuch aufgenommen werden sollen, sind das Sachenrechtsgesetz und das 2010 in Kraft getretene Deliktsgesetzbuch.[164]

E. Sonderrolle des deutschen Rechts

In der Entwicklung des modernen chinesischen Zivilrechts kann eine entscheidende Bedeutung der Rezeption westlichen Rechts festgestellt werden. Neben kontinentaleuropäischen Einflüssen ist hier ferner das anglo-amerikanische Common Law zu nennen, das in Zeiten der vor allem ökonomisch-orientierten Globalisierung auch vermehrt Eingang in die Rechtsordnungen anderer Erdteile gefunden hat.[165] Strukturell wurde seitens der chinesischen Gesetzgeber allerdings schon früh eine Grundsatzentscheidung getroffen: Beim Aufbau der neuen Rechtsordnung hat man sich für eine Struktur römisch-kontinentaler Prägung entschieden.[166] Die auf Fallrecht basierende Jurisprudenz des anglo-amerikanischen Rechtskreises ist allein wegen ihres Umfangs schwieriger zu rezipieren. Des Weiteren entspricht sie nicht der chinesischen Rechtstradition mit ihren frühen schriftlichen Kodifikationen. Dazu ist die Familie im kontinentalen System über den Ursprung der römischen *familia* eher geschützt, als im anglo-amerikanischen, was den chinesischen Traditionen einer Autorität der Familie näherkommt.[167] Das Common Law spielt also nur in Ansätzen des materiellen Rechts eine Rolle, meist dort, wo das internationale Recht insgesamt unter dem Einfluss der WTO eher durch amerikanische Vorschriften geprägt ist.[168] Die herrschende Struktur einer kodifizierten Rechtsordnung hat dagegen ihre Ursprünge im pandektistischen kontinentaleuropäischen Recht. Wie im historischen Abriss bereits zu sehen war, hat dabei besonders das deutsche Recht in der Entwicklung des modernen chinesischen Zivilrechts eine bedeutende bzw. wohl sogar die wichtigste Rolle[169] gespielt. Vom Da-Qing-Entwurf des ersten Zivilgesetzbuchs im Jahre 1911 bis zum Sachenrechtsgesetz des Jahres 2007 ist eine intensive Rezeption deutscher Strukturen - vor allem des AT-BT-Konzepts und zum Teil des Aufbaus in fünf Büchern - unterbrochen nur in maoistischen Zeiten in den ersten Jahren der VR, festgestellt worden. Dies geschah teils indirekt über die Rezeption des auf dem

---

[164] Chen, Chinese Law Context and Transformation, S. 337.
[165] Jayme, kulturelle Dimension des Recht, in: RabelsZ Bd. 67, S. 221.
[166] Theusner, Das Konzept von A-T und B-T im chinesischen Zivilrecht, S. 2.
[167] Theusner, Das Konzept von A-T und B-T im chinesischen Zivilrecht, S. 231.
[168] Ders., S. 99.
[169] Sun, Rezeption der westlichen Zivilrechtswissenschaft, S. 644.

BGB basierenden japanischen Zivilrechts und teils durch die direkte Analyse des BGB. Auch das Recht in den frühen Zeiten der VR ist durch die Verwandtschaft des rezipierten sowjetischen Rechts mit den deutschen Normen nicht frei von Nähe zur deutschen Rechtsordnung. Dazu kommt, dass das taiwanesische Zivilrecht auch heute noch deutsch geprägt und sprachlich den Chinesen direkt zugänglich ist.[170] Heute übernimmt die chinesische Führung ohne Rücksicht auf ideologische Vorprägungen[171] ausländische Rechtssätze, sofern sie als positiv für die aktuelle Situation in China angesehen werden. Das BGB ist dabei immer noch eine der Hauptquellen, wie zuletzt bei der Entwicklung der beiden wesentlichen Zivilrechtsbücher VG und Sachenrechtsgesetz – dieses hat wie auch schon das erste ZGB Chinas 1931[172] das dem deutschen Recht ansonsten eigene Trennungs- und Abstraktionsprinzip aufgenommen (Mindermeinung: Einheitsprinzip, aber mit Notwendigkeit eines Publizitätsakts zur dinglichen Wirkung[173]) - beobachtet werden konnte. Im schuldrechtlichen Bereich bietet sich das deutsche Recht heute durch die Harmonisierung der BGB-Regelungen im Rahmen der Schulrechtsreform besonders für rechtsvergleichende Arbeit an.[174]

Ein Teil der chinesischen Rechtsentwicklung nach deutschem Muster geht vor allem in jüngerer Zeit auf die Arbeit deutscher Organisationen zurück. Zu nennen sind hier beispielsweise die Max-Planck-Gesellschaft, das Deutsche Patentamt oder die Gesellschaft für Technische Zusammenarbeit (GTZ), die seit 1994 im Auftrag des Bundes den Aufbau des chinesischen Rechts und seine Implementierung begleitet.[175] Man mag in der Mitarbeit dieser Organisationen ein Stück Entwicklungshilfe sehen, welche die chinesischen Behörden dankbar angenommen haben. Gleichzeitig soll durch die Mitarbeit der deutschen Organisationen auch das Interesse der hiesigen Wirtschaft an Rechtssicherheit für Investoren und dem Schutz geistigen Eigentums in China verwirklicht werden.[176] Deutsche und andere ausländische Organisationen nehmen also direkten Einfluss auf die Gesetzgebung in China und deren

---

[170] Theusner, Das Konzept von A-T und B-T im chinesischen Zivilrecht, S. 97.
[171] Chen, Chinese Law Context and Transformation, S. 75.
[172] Sun, Rezeption der westlichen Zivilrechtswissenschaft, in: RabelsZ Bd. 71, S. 646 f.
[173] Stümer, Das neue chinesische Sachenrecht aus deutscher Sicht, in: Chinesisches Zivil- und Wirtschaftsrecht aus deutscher Sicht, S. 7.
[174] Zhang, Verbraucherschützendes Widerrufsrecht, S. 6.
[175] Julius, Erfahrungen der GTZ in China, in: RabelsZ, S 56.
[176] Theusner, Das Konzept von A-T und B-T im chinesischen Zivilrecht, S. 92; Julius, Erfahrungen der GTZ in China, in: RabelsZ Bd. 72, S. 56.

Umsetzung. Ein Schwerpunkt liegt in der Anpassung des chinesischen Zivilrechts an die Anforderungen der WTO. Bemühungen sind oft auf Reformen des Vertragsrechts hin zu größerer vertraglicher Autonomie für die in China tätigen ausländischen Unternehmen und weniger Eingriffe des Staates gerichtet.[177]

Insgesamt besteht mittlerweile eine Tradition, deutsches Recht zu rezipieren,[178] welche zu einer anhaltenden Neigung chinesischer Gelehrter zum deutschen Recht geworden ist.[179] Die rasante Entwicklung der letzten Jahrzehnte besonders unter deutscher Mithilfe hat die VR zu einem Staat mit nahezu „vollständiger" Kodifikation des Rechts einschließlich eines modernisierten Zivilrechts gemacht.

Der Anhang enthält eine Visualisierung der wichtigsten zivilrechtlichen Reformen Chinas in Form eines Zeitstrahls.

---

[177] Potter, The Chinese legal system. Globalization and local legal culture, S. 51.
[178] Bu, Einführung in das Recht Chinas, S. 4.
[179] Theusner, Das Konzept von A-T und B-T im chinesischen Zivilrecht, S. 97.

4. Teil: Die materiellen Quellen der Vertragsfreiheit in der heutigen VR China

In diesem und dem nächsten Kapitel des Buches wird die materielle Ausgestaltung der Vertragsfreiheit näher beleuchtet. Ausgehend von den chinesischen Rechtsquellen findet die Analyse der wesentlichen Vorschriften und der Vergleich mit deutschen Rechtsinstituten statt. Es soll heraus gestellt werden, in welchen Bereichen sich deutsche und chinesische Regelungen gleichen und inwiefern – möglicherweise auch wesentliche - Unterschiede bezüglich des Begriffs der Vertragsfreiheit bestehen. Dabei wird das chinesische Recht als Mittelpunkt der Untersuchung angesehen und daher entlang seiner Struktur, beginnend bei den wesentlichen Vorschriften zur Gewähr der Vertragsfreiheit, gearbeitet. Bei der Auslegung der Normen soll herausgefunden werden „was die Norm in ihrem recht verstandenen Sinne eigentlich besagt".[180] Darunter wird für das deutsche Recht der normative Sinn des Gesetzes verstanden, die rationale Auslegung der Norm in ihrer Bedeutung für die heutige Rechtswirklichkeit. Gleichzeitig darf die Intention des Gesetzgebers nicht gänzlich ausgeblendet werden.[181] Als Auslegungsmethode im deutschen Recht wird in erster Linie der Wortsinn analysiert, bevor in Zweifelsfällen die systematische und teleologische Auslegung stattfindet. Im chinesischen Recht wird die Auslegung in der Regel nur wörtlich vorgenommen. Weitergehende Auslegung wird meist als Spekulation betrachtet.[182] Im Hinblick auf die im vorstehenden Teil der Arbeit bereits ausführlich geleistete historische Betrachtung soll der Einwand von Zweigert und Kötz, dass Rechtsvergleichung immer auch den rechtshistorischen Zusammenhang berücksichtigen muss,[183] zwar nicht vergessen, eine Wiederholung bereits genannter rechtshistorischer Einflüsse aber vermieden werden. Aufgrund der besonderen Struktur des heutigen chinesischen Zivilrechts werden einige Regelungen der AGZ in gleicher oder ähnlicher Form im VG vorkommen. Diese Regelungen werden im Abschnitt über das VG als spezielleres Recht untersucht.

---

[180] Larenz/Canaris, Methodenlehre der Rechtswissenschaft, S. 135.
[181] Dies., S. 139.
[182] Von Senger, Einführung in das chinesische Recht, S. 183.
[183] Zweigert/Kötz, Einführung in die Rechtsvergleichung, S. 8.

A. Verfassungsrechtliche Grundlagen

Entscheidende Voraussetzung für die Ausübung der Vertragsfreiheit in China ist die Festlegung der wirtschaftlichen Freiheiten in der Verfassung als Rechtsquelle höchsten Ranges. Abweichend von dem früheren Fokus auf Planwirtschaft ist dort heute in Art. 11 auch der Schutz und die Unterstützung des privaten Wirtschaftssektors durch den Staat kodifiziert. Dazu kommt Art. 6, der neben den staatlichen Wirtschaftssektoren nun auch die Entwicklung anderer Wirtschaftssektoren („diverse sectors of the economy") erwähnt. Vor allem die Akzeptanz eines privaten Wirtschaftssektors durch den Staat ist die Basis für jedes marktwirtschaftliche Handeln. Die genannten Normen stehen in Zusammenhang mit den Zielen des Staates, welche in der Präambel der Verfassung erläutert sind. China strebt heute eine „sozialistische Marktwirtschaft" an. Auch dass davon die Rede ist, sich für lange Zeit in einem Anfangsstadium des Sozialismus zu befinden und einen Sozialismus „chinesischen Typs" entwickeln zu wollen, wird als Hinweis darauf gesehen, dass in der VR noch lange marktwirtschaftliche Elemente mindestens toleriert werden sollen.[184] Art. 18 öffnet den chinesischen Markt zudem auch für ausländische Wirtschaftseinheiten, sowohl für den Handel, als auch im Rahmen von Investitionen in China, und besagt, dass die Rechte der ausländischen Unternehmen, Individuen usw. durch das chinesische Gesetz geschützt werden. Das Privateigentum wird ebenfalls aus Art. 6 als wichtiger Teil der sozialistischen Marktwirtschaft anerkannt.[185] Dies ist insofern bemerkenswert, als dass in der Verfassung das Bekenntnis zum sozialistischen Wirtschafts-und Staatssystem wie in Artt. 1, 6, 7 noch stark betont wird. Das private Eigentum ist staatlichem oder kollektivem Eigentum gemäß Art. 13 gleichgestellt. Diese grundlegende Regelung wurde erst 2004 in die Verfassung aufgenommen. Beschränkungen der Freiheit, Eigentum zu erwerben, bestehen aber noch in hohem Maße: Eigentum an Land können Private nicht erwerben, Art. 10 Abs. 4.

Die Vertragsfreiheit selbst ist in der chinesischen Verfassung nicht erwähnt. Insgesamt ist zudem zu betonen, dass die Rechte aus der Verfassung in China nicht einklagbar sind, sie können nur durch die Legislative in andere Normen implementiert

---

[184] 7. Abschnitt Präambel der Verfassung der VR; Chen, Chinese Law Context and Transformation, S. 102 ff.
[185] Knieper, Einige Aspekte der Zivil- und Wirtschaftsrechtsreform, in: Newsletter der deutsch-chinesischen Juristenvereinigung e.V., S. 6.

werden.[186] Es stellt sich in diesem Zusammenhang die Frage, ob China durch die intensive Rechtsentwicklung der vergangenen Jahrzehnte mittlerweile als Rechtsstaat bezeichnet werden kann, der unter der Herrschaft des Rechts steht. Nur in einem solchen sind rechtliche Institute wie die Vertragsfreiheit oder überhaupt die Möglichkeit der wirtschaftlichen Betätigung tatsächlich vor Eingriffen des Staates außerhalb des Rechts geschützt und damit wirklich stabil. Die ausführliche Erörterung dieser Frage würde den thematischen Rahmen des Werks zu sehr überschreiten. Wesentliche Merkmale der Verfassung sollen in Bezug auf diese Frage aber kurz dargestellt werden. Art. 5 der Verfassung schreibt seit 1999 die „rule by law" vor („Ruling the country by law"). Dazu ist von der „Errichtung eines sozialistischen Rechtsstaats" die Rede. Zu fragen ist, ob die „rule by law" als tatsächliche Herrschaft des Rechts zu deuten ist.[187] Zumindest hat sich der chinesische Staat durch diese Vorschrift ausdrücklich zur Beachtung des Rechts bekannt[188] und so den politischen Willen seitens der KP, dem Recht heute einen hohen Stellenwert einzuräumen, ausgedrückt. Schon der Wortlaut „by law" des Art. 5, welcher im Deutschen als „gemäß den Gesetzen" übersetzt wird und gar als „durch Gesetz" gelesen werden könnte, lässt aber ein anderes Bild des Rechts als in einem wirklichen Rechtsstaat erkennen. Scheinbar handelt es sich hier ausdrücklich (noch) nicht um eine absolute Herrschaft des Rechts wie sie von der chinesischen Führung kommuniziert wird[189] – eine solche hätte eher als „rule of law" benannt werden müssen – sondern eher um die Durchsetzung politischer Ziele mit Hilfe des Rechts. Zu dieser Interpretation passt, dass Grundrechte in China zwar in ausführlicher Weise und inhaltlich ähnlich den deutschen Grundrechten in der Verfassung enthalten sind. Ein Verfassungsrechtsweg, um diese Rechte durchzusetzen, fehlt allerdings. Die Grundrechte sind jederzeit änderbar und müssen ohnehin nicht zwingend als Limitationen staatlicher Macht von den staatlichen Organen beachtet werden. Eine Gewaltenteilung besteht ebenfalls nicht, die Richter der unteren Justizebene werden vom lokalen Parlament gewählt, so dass die in Art. 126 garantierte Unabhängigkeit der Rechtsprechung wohl nur auf dem Papier existiert.[190] Der „sozialistische Rechtsstaat" aus Art. 5 ist darüber hinaus

---

[186] Clarke, China's legal system: new developments, new challenges, S. 21.
[187] Heuser, „What „Rule of Law"?, in: China´s new role, S. 77 ff.
[188] Knieper, Einige Aspekte der Zivil- und Wirtschaftsrechtsreform, in: Newsletter der deutsch-chinesischen Juristenvereinigung e.V., S. 5.
[189] Potter, The Chinese legal system. Globalization and local legal culture, S. 51.
[190] Zhang, Chinese Contract Law. Theory and Practice, S. 15 ff.

wohl ohnehin nicht als Beschreibung der heutigen Situation, sondern als Zielsetzung für eine möglicherweise ferne Zukunft gemeint. Insgesamt steht die VR China damit nicht unter der Herrschaft des Rechts. Eine systematische Stärkung des Rechts und das Bestreben hin zu einem einheitlichen, vollständigen Rechtssystem, ist aber sichtbar.[191] Auch die konsequente Herrschaft „durch Recht" oder „gemäß des Gesetzes" erfordert immerhin die Einhaltung vier wesentlicher Voraussetzungen, wie sie die KP in einer Deklaration bereits 1978 anerkannte: 1. Es muss Gesetze geben. 2. Sie müssen befolgt werden. 3. Die Durchsetzung des Rechts muss präzise sein. 4. Um Gesetzesbrecher muss sich gekümmert werden. Das Recht wird seit dieser Zeit von der KP als besseres Mittel anerkannt als die Politik.[192] Wie auch Teil 6 der Studie zur tatsächlichen Ausübung der Vertragsfreiheit detaillierter zeigen wird, ist das Recht als Rahmen von Staat und Gesellschaft heute also weitgehend akzeptiert. Verwaltungsrechtswege gegen rechtswidriges Handeln der Verwaltung geben zudem eine Möglichkeit der Auseinandersetzung mit dem Staat.[193] Vorsicht bei der Annahme, dass die vorhandenen rechtlichen Institute nun auch in selber Art und Weise wie in Mitteleuropa umgesetzt werden, erscheint aber bereits basierend auf den verfassungsrechtlichen Regelungen angebracht.

Die deutsche Verfassung trat 1949 in den Ländern der ehemaligen westlichen Besatzungszone in Kraft. Seit der Wiedervereinigung im Jahr 1990 hat das Grundgesetz Gültigkeit für alle 16 Länder der heutigen Bundesrepublik. Die Vertragsfreiheit ist nicht wortwörtlich im GG normiert. Sie wird aber unbestritten durch Art. 2 Abs. 1 des GG gedeckt und ist somit grundrechtlich geschützt. Das GG geht, sichtbar auch in Art. 3, der die Gleichheit der Bürger vor dem Gesetz normiert, vom Leitbild eines freien und gleichwertigen Menschen aus. „Der Mensch ist eine mit der Fähigkeit zu eigenverantwortlicher Lebensgestaltung begabte Persönlichkeit. Jeder ist frei, sein Schicksal in die Hand zu nehmen."[194] „Die Aufgabe der Rechtsordnung beschränkt sich darauf, durch eine Gewährleistung von Befugnissen und Zuständigkeiten den äußeren Handlungsspielraum der autonomen Persönlichkeiten zu sichern."[195] Art. 2 GG garantiert als Ergebnis dieses Leitbilds ein Recht auf freie Entfaltung der

---

[191] Potter, The Chinese legal system. Globalization and local legal culture, S. 7.
[192] Zhang, Chinese Contract Law, Theory and Practice, S. 14; Chen, Chinese Law Context and Transformation, S. 53.
[193] Heuser, What „Rule of Law"?, in: China´s new role, S. 82.
[194] Di Fabio, Vorwort zum Grundgesetz, in: Grundgesetz, S. IX.
[195] Meder, Rechtsgeschichte, S. 340.

Persönlichkeit des Bürgers. Dies umfasst die Allgemeine Handlungsfreiheit, ohne die eine solche Verwirklichung der Persönlichkeit nicht möglich wäre. Die Handlungsfreiheit schließt neben der Freiheit zu rechtsunverbindlichen Handlungen wiederum die Vertragsfreiheit mit ein.[196] Ein solches Grundrecht wie die Allgemeine Handlungsfreiheit ist in der chinesischen Verfassung nicht enthalten. Im deutschen GG legen dagegen andere Grundrechte wie die Berufsfreiheit aus Art. 12 ebenfalls das Leitbild vom freien und selbständig paktierenden Menschen zu Grunde. Ein bestimmtes Wirtschaftssystem in der Bundesrepublik ist durch das GG nicht festgelegt. Das Bundesverfassungsgericht hat allerdings in der Auslegung der Grundrechte die Interpretation vorgenommen, dass eine Beschränkung der wirtschaftlichen Freiheit nur dann gestattet sei, „wenn vertretbare und überragende Gründe des Gemeinwohls eine solche Beschränkung zwingend erfordern".[197] Damit ist ein marktwirtschaftliches System, in dem Bürger sich auf der Basis von freiwilligen Rechtsgeschäften wirtschaftlich betätigen können (heute wohl als Modell der sozialen Marktwirtschaft ausgestaltet), als zentrale Grundlage unserer Nation anzusehen. Die Freiheit des Einzelnen, seine Lebensverhältnisse durch Verträge zu gestalten, ist also verfassungsrechtlich geschützt. Diese Vertragsfreiheit ist die wichtigste Erscheinungsform der Privatautonomie, zu der man unter anderem noch die Eigentumsfreiheit zählen kann.[198] Die Vertragsfreiheit umfasst im deutschen Recht nach herrschender Meinung, immer im Rahmen der genannten Schranken anderer Freiheitsgrundrechte und Art. 20a GG sowie materieller Beschränkungen im Zivilrecht, folgende Aspekte:

Die **Abschlussfreiheit:** Der Abschluss eines Vertrages ist freiwillig. Ein Vertrag ist dabei „die von zwei oder mehr Personen erklärte Willensübereinstimmung eines rechtlichen Erfolgs."[199] Er wird geschlossen durch mindestens zwei übereinstimmende – nicht gleiche, sondern korrespondierende – Willenserklärungen.[200] Die Willenserklärung ist dabei die (privatrechtliche) Äußerung eines auf die Herbeiführung einer Rechtsfolge gerichteten Willens.[201] Es besteht grundsätzlich keine Verpflichtung, ein

---

[196] Busche, Privatautonomie und Kontrahierungszwang, S. 22.
[197] Zhou, Inneres System des deutschen Privatrechts in der VR, S. 71.
[198] Dies., S. 44.
[199] Ellenberger, in: Palandt Bürgerliches Gesetzbuch, vor § 145 Rn. 1 ff.
[200] Dörner, in: Nomos Bürgerliches Gesetzbuch, vor §§ 104-185 Rn. 1 ff.
[201] Motive zum BGB, in: Gebhardt, Regulations regarding the conclusion of contracts according to German law, in: Comparative analysis, S. 41.

Angebot (zu unterscheiden von einer invitatio ad offerendum) anzunehmen.[202] Jeder ist frei, die korrespondierende Willenserklärung abzugeben und so die Rechtsfolge eines Vertragsschlusses herbeizuführen[203] oder dies zu unterlassen.

Die **Partnerwahlfreiheit** (teils als Aspekt der Abschlussfreiheit gesehen): Der Vertragspartner kann frei gewählt werden.[204] Grundsätzlich gibt es keine Pflicht, mit jemandem einen Vertrag zu schließen, auch muss man verschiedenen Vertragspartnern nicht dieselben Konditionen einräumen.

Die **Inhaltsfreiheit** (auch: „Freiheit inhaltlicher Gestaltung"): Der Inhalt eines Vertrages kann – im Rahmen gewisser Grenzen, siehe nächstes Kapitel – frei gestaltet werden.[205] Dies gilt grundsätzlich auch, wenn Verträge des gewählten Inhalts bzw. Typs nicht im Gesetz normiert sind.

Die **Formfreiheit:** Verträge kommen grundsätzlich formfrei zu Stande. Mündliche Verträge sind im Grundsatz schriftlichen Verträgen gleichgestellt.[206]

Die **Aufhebungs-und Änderungsfreiheit:** Einigen sich die beteiligten Parteien auf die Aufhebung oder Änderung eines geschlossenen Vertrages, so kann er auch aufgehoben oder geändert werden.[207] Nach § 398 BGB ist ebenso die Abtretung von Forderungen möglich. Fristen o.ä. gelten nur für Gestaltungsrechte wie die Kündigung, nicht für gegenseitige Übereinkommen.

B. Allgemeine Grundsätze des Zivilrechts

Die AGZ sind die hauptsächliche Rechtsquelle für Grundprinzipien des chinesischen Zivilrechts. Dies erscheint insofern als problematisch, als die AGZ noch unter sowjetischen Einflüssen im Jahr 1986 verabschiedet wurden und der Schritt der chinesischen Politik hin zu einer sozialistischen Marktwirtschaft bisher nicht zu einer wesentlichen Überarbeitung dieser Regelungen geführt hat.[208] Trotz inhaltlicher Unterschiede ist das sowjetische Recht strukturell dem deutschen Recht sehr ähnlich, was sich im Aufbau der AGZ niedergeschlagen hat. Ausgehend von einem Allgemei-

---

[202] Kropholler, Bürgerliches Gesetzbuch, vor § 145, Rn. 3.
[203] Zhou, Inneres System des deutschen Privatrechts in der VR, S. 43.
[204] Busche, Privatautonomie und Kontrahierungszwang, S. 67 f.
[205] Ders., S. 70 ff.
[206] Ellenberger, in: Palandt Bürgerliches Gesetzbuch, § 125 Rn. 1
[207] Busche, Privatautonomie und Kontrahierungszwang, S. 65.
[208] Chen, Chinese Law Context and Transformation, S. 338 f.; kleinere Änderungen siehe S. 60 dieser Arbeit.

nen Teil benannt als „Grundprinzipien" legen sie den Anwendungsbereich und den Zweck des chinesischen Zivilrechts fest und kodifizieren Säulen der Rechtsordnung wie die Rechtsfähigkeit von natürlichen und juristischen Personen. Sie regeln darüber hinaus unter anderem allgemeingültige Grundsätze für Zivilrechtshandlungen (Kapitel 4)[209] entsprechend dem Abschnitt über Rechtsgeschäfte des BGB. Der Aufbau der AGZ entspricht systematisch fast vollständig dem im deutschen Recht anerkannten Ansatz, allgemeine Regelungen vor den spezielleren zu kodifizieren und ihre Inhalte dann für die spezielleren Regelungsbereiche vorauszusetzen (siehe „Klammerprinzip" im BGB) und wurde so bewusst übernommen.[210] Dies gilt auch für einzelne Kapitel; so enthalten die Kapitel 3 und 6 wiederum Allgemeine Bestimmungen für ihren Regelungsbereich.[211] Naheliegend ist die Frage, ob die AGZ im chinesischen Zivilrecht eine Rolle übernehmen, die der des Allgemeinen Teils des BGB entspricht. Dazu fällt auf, dass die AGZ auch Regelungen enthalten, die im BGB nicht im Allgemeinen Teil, sondern in den weiteren Büchern wie dem Schuld- oder Sachenrecht zu finden sind, beispielsweise Regelungen über Eigentum, unerlaubte Handlungen, und natürlich Schuldverhältnisse etc.[212] Der Regelungsbereich der AGZ ist umfassender als der des Allgemeinen Teils des BGB. Die Regelungen speziell der Kapitel 5 und 6, welche diese zentralen Themenkomplexe betreffen, sind wegen der damaligen Unsicherheit der chinesischen Gesetzgeber über die weitere Entwicklung der chinesischen Wirtschaft und ihres zukünftigen Bedarfs an rechtlichen Rahmenbedingungen aber eher rudimentär ausgearbeitet. Es sollten nur Eckpfeiler festgelegt werden um durch Spezialgesetze flexibel auf eventuelle neue Notwendigkeiten reagieren zu können, gleichzeitig aber bereits einheitliche Prinzipien zur Beurteilung rechtlicher Probleme zu besitzen.[213] Es ist zusätzlich auf die heutige Subsidiarität vieler Regelungen der AGZ hinzuweisen. Das neue VG sowie andere in den vergangenen Jahren erlassene Gesetzbücher wie das Sachenrecht sind als lex specialis heute vorrangig vor vielen Regelungen der AGZ anzuwenden. Die AGZ werden in ihrer heutigen Anwendbarkeit also hauptsächlich noch dort herangezogen, wo im deutschen Recht der Regelungsbereich des Allgemeinen Teils vorliegt, beispielsweise als Quelle von grundlegenden Instituten des Zivilrechts wie der Rechtsfähigkeit.

---

[209] Zhang, Chinese Contract Law. Theory and Practice, S. 31.
[210] Theusner, Das Konzept von A-T und B-T im chinesischen Zivilrecht, S. 261.
[211] Ders., S. 190.
[212] Wang, Rechtsvergleichende Untersuchung AGZ BGB, S. 52.
[213] Dies., S. 51 ff.

Eine systematische Ähnlichkeit zum deutschen BGB kann somit für die heutige Rechtssituation trotz eigentlich größerer Regelungsbreite der AGZ bestätigt werden.

Im Folgenden soll in erster Linie auf die Regelungen eingegangen werden, die uns Aufschluss darüber geben können, ob bereits die AGZ eine rechtliche Grundlage für die Vertragsfreiheit legen.

§ 1 AGZ ist eine reine Zielbestimmung: *„Um die legalen zivilen Rechte und Interessen der Bürger und juristischen Personen zu gewährleisten und um die Zivilbeziehungen korrekt zu regeln, wird entsprechend den Erfordernissen der Entwicklung des Aufbaus der sozialistischen Modernisierung aufgrund der Verfassung und der tatsächlichen Verhältnisse unseres Landes in Zusammenfassung der praktischen Erfahrungen bei Zivilgeschäften dieses Gesetz festgesetzt."*

§ 2 AGZ legt dann den Geltungsbereich des Gesetzes fest: *„Das Zivilrecht der VR China regelt die Vermögensbeziehungen und die Personenbeziehungen zwischen Bürgern, zwischen juristischen Personen und zwischen Bürgern und juristischen Personen, als gleichberechtigten Subjekten".* Unklar ist zuerst, ob mit „Bürger" nur chinesische Staatsangehörige gemeint sind. § 8 AGZ regelt dann aber, dass auf Staatenlose und Ausländer die Regelungen der AGZ ebenfalls angewendet werden. Die AGZ sind vorbehaltlich Spezialgesetzen also auf alle „Zivilgeschäfte" in der VR anzuwenden. Internationale Abkommen haben dabei Vorrang und sind gemäß § 142 AGZ direkt anzuwenden. Bestehende Zivilrechtsgesetze müssen im Lichte der AGZ ausgelegt werden.[214] In § 2 AGZ nicht genannt sind beispielsweise Wirtschaftseinheiten ohne Rechtsfähigkeit. Legt man den Geltungsbereich nach dem Wortlaut aus, ist das Gesetz für diese nicht einschlägig, so dass wesentliche Grundlagen für „Zivilgeschäfte" dieser Personen nicht normiert sind. Die in den AGZ geregelten „Zivilgeschäfte" oder „Zivilrechtsakte" entsprechen grundsätzlich dem deutschen Rechtsgeschäft, so dass dieser Begriff zur Verdeutlichung im Folgenden verwendet werden soll.[215] Dies geht aus § 54 AGZ hervor, welcher den Zivilrechtsakt als rechtmäßigen Akt, Rechte und Pflichten zu kreieren, verändern oder vernichten, definiert.

§ 3 AGZ ist eine für eine mögliche Vertragsfreiheit wohl unerlässliche Vorschrift: *„Die Stellung der Beteiligten bei Zivilgeschäften ist gleichberechtigt."* Alle Beteiligten haben

---

[214] Wang, Rechtsvergleichende Untersuchung AGZ BGB., S. 53 f.
[215] Wali-Mohammadi, Chinesisch-Deutsches Glossar zum Zivilrecht der VR China, S. 64; Wang, Rechtsvergleichende Untersuchung AGZ BGB, S. 111.

eine gleichberechtigte Stellung bei Rechtsgeschäften und haben Anspruch auf Schutz ihrer Rechte[216] (siehe auch §§ 2, 5 AGZ), unabhängig davon ob sie natürliche Person oder juristische Person sind, gesellschaftlich oder wirtschaftlich besser gestellt sind als die andere Partei etc. Besonders wichtig ist die Gleichberechtigung aller juristischen Personen, da sie beispielsweise staatlichen Unternehmen verbietet, in Rechtsgeschäften besondere Privilegien gegenüber Privatunternehmen durchzusetzen.[217] Es ist mit der Gleichheit auch im chinesischen Recht immer eine rein formale Gleichheit gemeint, die real, nach wirtschaftlichen Aspekten beurteilt, zu Ungleichheit führen kann.[218]

§ 4 betont weitere wichtige Prinzipien des chinesischen Zivilrechts: *"Zivilgeschäfte müssen sich an die Grundsätze der Freiwilligkeit, der Gerechtigkeit, der wertgemäßen Entgeltlichkeit und von Treu und Glauben halten."* Speziell die ausdrückliche Normierung der Freiwilligkeit erscheint als Gewähr der wohl wichtigsten Voraussetzung von Vertragsfreiheit. Sie umfasst die Freiheit, überhaupt eine zivilrechtliche Beziehung einzugehen, mit wem die Parteien dies tun wollen, und in welcher Form und mit welchem Inhalt sie ein Geschäft schließen möchten. Gegensätzlich zum Grundgedanken einer geplanten Wirtschaft sind nun Entscheidungen auf Basis des freien Willens als Kern des chinesischen Zivilrechts normiert.[219] Keiner darf dem Anderen seinen Willen aufzwingen.[220] Staatliche Eingriffe werden dadurch aber nicht vollständig ausgeschlossen.[221] Die Norm erwähnt nicht den Begriff des Vertrags, sondern wieder die Zivilgeschäfte. Gemeint sind aber wohl nur Verträge als zweiseitiges Rechtsgeschäft. Für einseitige Rechtsgeschäfte erscheint beispielsweise die Normierung der Entgeltlichkeit logisch paradox. Auch konzentrierte sich die chinesische Literatur zu den AGZ ausschließlich auf den Vertrag.[222]

§ 5 AGZ gibt an: *"Legale zivile Rechte und Interessen der Bürger und juristischen Personen genießen den Schutz des Gesetzes; keine Organisation und kein Einzelner darf sie verletzen."* Somit ist auch die Pflicht des Staates, Rechte aus Rechtsgeschäften zu respektieren, bereits in den AGZ normiert. Vor allem Gerichte als zuständige

---

[216] Zhou, Inneres System des deutschen Privatrechts in der VR, S. 152.
[217] Wang, Rechtsvergleichende Untersuchung AGZ BGB, S. 59.
[218] Zhou, Inneres System des deutschen Privatrechts in der VR, S. 90.
[219] Clarke, Legislating for a Market Economy in China, in: China's legal system: new developments, new challenges, S.16.
[220] Zhou, Inneres System des deutschen Privatrechts in der VR, S. 152.
[221] Dies., S. 156.
[222] Wang, Rechtsvergleichende Untersuchung AGZ BGB, S. 110 f.

staatliche Organe müssen legale und damit schützenswerte Rechte und Pflichten durchsetzen. Die Rechte Dritter dürfen nicht verletzt werden, sei es durch Bürger, juristische Personen oder staatlich-politische Organisationen.[223]

§ 10 AGZ normiert die Rechtsfähigkeit aller Bürger: *"Die Zivilrechtsfähigkeit der Bürger ist ausnahmslos gleich"*. Die rechtliche Gleichheit der Parteien wird hier für die Bürger ausdrücklich festgelegt. Im deutschen Recht als selbstverständlich angesehen (§ 1 BGB), war die Einführung dieser Norm in China ein bedeutender Schritt. Speziell zu Zeiten der Kulturrevolution war dort zwischen „Volk" und „Feind" unterschieden worden, nun sind in Zivilrechtsfragen alle Bürger gleich.[224] Die Rechtsfähigkeit beginnt nach § 9 AGZ mit der Geburt. Die Geschäftsfähigkeit ist in § 11 AGZ normiert, Volljährigkeit und damit volle Geschäftsfähigkeit wird wie in Deutschland (§§ 2, 104 ff. BGB) mit 18 erreicht. Bürger dürfen als „Einzelgewerbetreibende" oder „Dörfliche Übernahmearbeiter" nun wirtschaftlich tätig sein und sind durch das Recht geschützt (§§ 26 ff. AGZ). Dazu kommt die teilrechtsfähige Partnerschaft von Einzelpersonen, geregelt in §§ 30 ff. AGZ. Alle drei Wirtschaftsformen sind als neue kapitalistische Elemente erst seit Inkrafttreten der AGZ in China bekannt.[225] Die juristischen Personen sind im 3. Kapitel der AGZ geregelt. Sie können eigenverantwortlich wirtschaftlich tätig sein. Sie sind gemäß § 36 AGZ rechts- und geschäftsfähig. Gemäß § 41 AGZ bestehen juristische Personen sowohl auf Basis von staatlichem Kapital (volkseigene oder kollektive Unternehmen), als auch mit ausländischem Kapital.[226] Ebenso sind Behörden nach § 50 AGZ juristische Personen.

Rechtsgeschäfte („Zivilrechtsakt", „Civil juristic act") sind im 4. Kapitel der AGZ geregelt. Sie sind nach § 57 AGZ rechtlich bindend. § 56 AGZ normiert die Formfreiheit für Rechtsgeschäfte, sofern das Gesetz an anderer Stelle nichts anderes vorsieht. Verträge zur Änderung von Sachenrechten sind vom Vertragsbegriff der AGZ nicht erfasst.[227] Ein Rechtsgeschäft nach chinesischem Verständnis bedarf einer Willenserklärung, die unter anderem Geschäftsfähigkeit voraussetzt. Dieses Prinzip ist dem deutschen Recht entnommen.[228] Die Willenserklärung wird als „Äußere Darstellung des inneren Willens des Erklärenden" in der chinesischen Literatur

---

[223] Wang, Rechtsvergleichende Untersuchung AGZ BGB., S. 65 f.
[224] Dies., S. 67.
[225] Dies., S. 77 ff.
[226] Dies., S. 95 ff.
[227] Pißler, Das neue chinesische Vertragsrecht, in: RabelsZ Bd. 68, S. 331.
[228] Theusner, Das Konzept von A-T und B-T im chinesischen Zivilrecht, S. 192.

definiert, wobei „der Wille darauf gerichtet ist, Rechtsfolgen zu begründen". Eine Willenserklärung muss nach § 55 AGZ „wahr" sein, das heißt die Äußerung muss mit dem wahren Willen des Äußernden übereinstimmen – ähnliches sehen auch §§ 116ff. BGB vor - und auf seinem freien Willen beruhen. Schweigen ist im Grundsatz keine Willenserklärung, kann aber als solche gelten, wenn Lebensgewohnheiten einer bestimmten Handlung eine besondere Bedeutung beimessen[229] oder die Parteien sich auf Schweigen als Annahmeerklärung geeinigt haben. Die Stellvertretung ist als wichtiger Aspekt für das Zustandekommen von Verträgen ebenfalls dem deutschen Recht sehr ähnlich geregelt. Wesentliche Regelungen zur Stellvertretung und den Folgen der Vertretung ohne Vertretungsmacht finden sich in §§ 64 ff. AGZ.

Die AGZ enthalten in Abschnitt 2 des 5. Kapitels Vorschriften über die Rechte und Pflichten, die sich aus einem Vertrag als mehrseitiges Rechtsgeschäft ergeben (Titel „Schuldrechte"). Ein solcher Vertrag muss Rechte und Pflichten so begründen, dass es sich dabei um eine Vereinbarung mit rechtlicher Konsistenz handelt. Die Gültigkeit vor Gericht und die Einklagbarkeit der sich daraus ergebenden Forderungen basiert auf der Vorschrift zur rechtlichen Bindungskraft von Rechtsgeschäften aus § 57 AGZ. § 84 AGZ sorgt neben der Definition der Begriffe Schuld und Pflicht für die Vollstreckbarkeit der Pflichten speziell aus Verträgen. Anschließend normiert § 85 AGZ den Schutz durch das Gesetz und die Bedeutung des Vertrags als Grundlage eines Schuldverhältnisses: *„Der Vertrag ist eine Vereinbarung, mit der die Beteiligten Zivilbeziehungen errichten, ändern oder beenden. Nach dem Recht errichtete Verträge erhalten den Schutz des Gesetzes."* § 311 BGB, welcher feststellt, dass ein Vertrag Schuldverhältnisse begründet, ändert oder aufhebt weicht hier nicht ab. Ein Vertrag kommt auch im chinesischen Recht durch Einigung der Parteien zu Stande. Die Literatur geht von einem Erfordernis gewisser, je nach Vertragstyp unterschiedlicher Mindestinhalte aus.[230] Dies ist im heutigen VG genauer geregelt, sodass auf die dortigen Ausführungen verwiesen wird. § 88 AGZ besagt nochmals eine ausdrückliche Pflicht zur Erfüllung der vertraglichen Pflichten: *„Die Vertragsbeteiligten müssen gemäß dem im Vertrag Vereinbarten ihre eigenen Pflichten im vollen Umfang erfüllen."* Sofern die Leistung des Schuldners nicht im Detail definiert ist, liefert § 88 AGZ

---

[229] Wang, Rechtsvergleichende Untersuchung AGZ BGB, S. 112 f.
[230] Dies., S. 127.

subsidiär Vorschriften zu Qualität, Fälligkeit der Leistung, Preisfindung etc. Eine solche Vorschrift enthält auch das VG.

Die Haftung unter anderem bei Nichterfüllung von Verträgen ist in einem gesonderten Kapitel ab § 106 AGZ geregelt. Sie ist ebenso in das VG eingegangen, so dass ihre Regelungen im entsprechenden Kapitel dargestellt werden sollen.

Die AGZ normieren darüber hinaus zum ersten Mal im chinesischen Zivilrecht Eigentum (§§ 71 - 83). Land und Produktionsmittel stehen in staatlichem oder kollektivem Eigentum, Eigentum an anderen Sachen kann gemäß § 75 AGZ vom Bürger erworben werden. Das Eigentum genießt dann den Schutz des Gesetzes. Besitz und sonstige Gebrauchsrechte an staatlichem Eigentum werden in großem Umfang eingeräumt. Heute existiert ein separates Sachenrechtsgesetz, so dass die Vorschriften der AGZ dahinter zurücktreten. Interessant ist, dass der chinesische Gesetzgeber nach herrschender Meinung das Abstraktionsprinzip des deutschen Rechts in dieses neue Gesetzbuch übernommen hat. Um Eigentum zu erwerben, bedarf es also eines Verpflichtungs- und eines Verfügungsgeschäfts. Dies widerspricht den Normen der AGZ wie § 72,[231] so dass auf diese hier nicht weiter eingegangen werden soll.

Insgesamt kodifizieren die AGZ Vertragsfreiheit nicht ausdrücklich. Ein solcher Begriff wird nicht genannt. Dies kann einerseits historisch damit erklärt werden, dass die drei anderen Gesetze WVG, WVGA und TVG lange Zeit neben den AGZ Geltung hatten und den Umfang der Vertragsfreiheit in ihren Anwendungsbereichen selbst regulierten. Wie schon erwähnt sind dabei Abweichungen zwischen den liberaleren Vorschriften des WVGA und den noch eher restriktiven Vorschriften des ursprünglichen WVG für den inländischen Rechtsverkehr zu erkennen. Die AGZ liefern, dies aus bewusster Entscheidung des chinesischen Gesetzgebers heraus,[232] nur den eher groben rechtlichen Rahmen für die spezielleren Einzelgesetze. Heute übernimmt das VG die Rolle der früheren Spezialgesetze. Es regelt die vertraglichen Vorschriften relativ umfassend, so dass für die rein vertraglichen Vorschriften der AGZ (zum Beispiel zum Vertragsschluss) nur noch wenig Raum bleibt. Als primäre Quelle, ob und wieweit die Vertragsfreiheit heute respektiert wird, ist daher ebenfalls das VG heranzuziehen. Die Abgrenzung, wann Normen der AGZ und wann vertragsgesetzliche Normen anzuwenden sind, kann dabei Schwierigkeiten bereiten. Man muss wohl

---

[231] Wang, Rechtsvergleichende Untersuchung AGZ BGB., S. 148.
[232] Dies., S. 143.

davon ausgehen, die Anwendbarkeit jeder Norm der AGZ einzeln anhand des Vergleichs mit den Vorschriften des VG beurteilen zu müssen. Liegen darin speziellere Regelungen, die inhaltlich Vorschriften der AGZ widersprechen vor, so sind die Regelungen der AGZ „auszublenden".[233]

Als wichtiges Zwischenergebnis soll festgehalten werden, dass die AGZ vor allem im 1. Kapitel „Grundprinzipien" bereits elementare Grundsätze für eine umfassende Vertragsfreiheit wie die Gleichheit der Personen, die Freiwilligkeit des Vertragsschlusses, den gesetzlichen Schutz des Vertrags und der Ansprüche daraus oder die Formfreiheit ausdrücklich im Recht verankert.[234] Die Verwendung von Verträgen zwischen gleichberechtigten Parteien als Ersatz der früheren meist verwaltungsrechtlichen Geschäftsformen hat hier bereits seit den 80er Jahren ihre anerkannte Basis.[235] Die AGZ haben insofern die Tür für freie Vertragsschlüsse und die Weiterentwicklung der genannten Prinzipien durch das VG weit aufgestoßen.

Gleichzeitig bestehen einige einschränkende Normen, in denen zum Teil der Ursprung des Gesetzes aus Zeiten, in denen intensivere Eingriffe des Staates vor allem in die Wirtschaft noch gängiger waren als heute, nicht zu übersehen ist. Die politischen Umstände zu Beginn der Reformära 1986 haben sich somit in der Frage nach einer Vertragsfreiheit in den AGZ niedergeschlagen. Der materielle Inhalt der beschränkenden Vorschriften und die Frage, inwiefern diese Beschränkungen auch heute noch Auswirkungen auf den Rechtsverkehr entfalten, werden in späteren Kapiteln der Studie untersucht.

C. Ausgestaltung der Vertragsfreiheit im Vertragsgesetz

Sieht man die AGZ als erstes Buch eines theoretischen chinesischen Zivilgesetzbuches, so stellt das VG von 1999 das zweite Buch dar. Es enthält wie das zweite Buch des BGB die Vorschriften über (allerdings nur vertragliche) Schuldverhältnisse. Die wesentlichen Regelungsbereiche des VG können daher vergleichend zum zweiten Buch des BGB dargestellt werden. Bei der Arbeit mit dem seit 1900 bestehenden BGB sind vor allem die Schuldrechtsreform von 2002 sowie spätere Einflüsse des Europarechts als nennenswerte Modernisierung zu beachten. Die Regelungen des

---

[233] Ling, Contract law in China, S. 27 f.
[234] Chen, Chinese Law Context and Transformation, S. 455.
[235] Wang, Rechtsvergleichende Untersuchung AGZ BGB, S. 51.

Allgemeinen Teils (erstes Buch) legen im BGB wichtige Grundsätze auch für vertragliche Schuldverhältnisse fest - so zum Beispiel die Regelungen über Rechtsgeschäfte in §§ 104 bis 185 BGB - und sind somit als „Klammer" um die Regelungen des zweiten Buchs immer mitzulesen. Bedeutende Regelungen für Verträge in diesem Abschnitt sind vor allem Vorschriften zu Angebot und Annahme aus §§ 145 bis 157 BGB. Bedeutsam sind ebenso die allgemeinen Regelungen zu Willenserklärungen in den §§ 116 bis 144 BGB. Dazu kommen die Regelungen für Schuldverhältnisse aus §§ 241 bis 432 BGB. Abschnitt 3 des zweiten Buches des BGB (§§ 311 bis 360) enthält zusätzlich die speziellen Regelungen zu Schuldverhältnissen aus Verträgen. Die Regelungen zu einzelnen Schuldverhältnissen aus Abschnitt 8 und den anderen Büchern des BGB sind zusätzlich zu beachten.

Das chinesische VG gliedert sich in einen Allgemeinen Teil, der die Prinzipien aller vertraglichen Rechtsgeschäfte enthält (§§ 1 bis 129) und einen Besonderen Teil mit einzeln geregelten Vertragstypen (§§ 130 bis 427). Der Allgemeine Teil orientiert sich stark an den Vorschriften des WVG und beginnt wiederum mit allgemeinen Bestimmungen, bevor detailliertere Regelungen zu Vertragserrichtung, Wirksamkeit, Erfüllung usw. folgen. Die Struktur des VG ähnelt also der des zweiten Buchs des BGB, besonders bezüglich des Grundsatzes Allgemeines vor Speziellem. Allerdings stuft das VG nicht wie das BGB ab zwischen Regelungen für alle Schuldverhältnisse, für rechtsgeschäftliche (und rechtsgeschäftsähnliche) Schuldverhältnisse und für vertragliche Schuldverhältnisse, sondern bezieht alle Regelungen direkt auf den Vertrag, nennt den Begriff des Schuldverhältnisses nicht. Es ist somit strukturell einfacher und für Laien besser verständlich als das BGB, welches als „Gesetzbuch für Gelehrte" die genaue Beachtung der vorhergehenden allgemeineren Vorschriften erfordert – ihre Inhalte werden in späteren Abschnitten des Gesetzes selten wiederholt[236] - um die Vorschriften zu Schuldverhältnissen aus Verträgen in der Praxis adäquat verstehen und anwenden zu können. Dieser Unterschied relativiert sich in seiner Bedeutung, wenn man bedenkt, dass auch im deutschen Recht rechtsgeschäftliche Schuldverhältnisse fast nur durch Vertrag zu Stande kommen. § 311 BGB: *„Zur Begründung eines Schuldverhältnisses durch Rechtsgeschäft sowie zur Änderung des Inhalts eines Schuldverhältnisses ist ein Vertrag zwischen den Beteiligten erforderlich, soweit nicht das Gesetz ein anderes vorschreibt."*

---

[236] Gebhardt, Introduction to the German civil code, in: Comparative analysis, S. 7.

Im Besonderen Teil des chinesischen VG haben Regelungen für folgende Vertragstypen Aufnahme gefunden: Kaufvertrag, Lieferverträge für Strom, Wasser, Gas und Heizkraft, Schenkungsvertrag, Darlehensvertrag, Mietvertrag, Finanzierungsleasingvertrag, Werkvertrag, Bauvertrag, Transportvertrag, Technologievertrag, Verwahrungsvertrag, Lagervertrag, Auftragsvertrag, Kommissionsvertrag, Maklervertrag. Die Vorschriften zum Technologievertrag umfassen die Vertragstypen des früheren TVG außer denen des Technologieimportvertrags. Für diesen Vertragstypus bleiben die Vorschriften außerhalb des VG weiter anwendbar. Der im deutschen Recht bedeutsame Dienstvertrag wurde nicht ins VG aufgenommen. Sonderregelungen außerhalb des VG bestehen allerdings für den Hauptanwendungsfall als Arbeitsvertrag im Arbeitsvertragsgesetz.[237] Es fällt auf, dass das chinesische Recht einzelne Vertragstypen normiert, die im deutschen BGB unbekannt sind. Insgesamt definiert das VG aber nur rund halb so viele Vertragstypen wie das BGB. Handelsrechtliche Normen sind im deutschen Recht im Unterschied zum chinesischen Recht und zahlreichen anderen Zivilrechtsordnungen[238] in einem eigenen Gesetzbuch zu finden. Das Handelsgesetzbuch regelt die Geschäftsbeziehungen unter Kaufleuten und definiert dabei zusätzliche wirtschaftsrelevante Vertragstypen wie Kommission, Lager, Fracht usw. Die Typen aus dem deutschen Recht sind nicht abschließend, die Vertragsfreiheit erlaubt auch Verträge außerhalb der normierten Typen. Mittlerweile weit verbreitete, aber nicht normierte Verträge sind zum Beispiel Factoring, Leasing (angelehnt an mietrechtliche Vorschriften) oder Franchise. Auf sie werden die Normen des jeweils ähnlichsten Vertragstypen angewendet. Bei typengemischten Verträgen haben sich Theorien wie die Absorptions- und die Kombinationstheorie herausgebildet.[239] In China erlaubt die Vertragsfreiheit ebenfalls die Abweichung von normierten Vertragstypen. Man wendet dann wie im deutschen Recht ersatzweise die allgemeinen Regelungen zum Vertrag und die jeweils ähnlichsten Regelungen des Besonderen Teils an. Dies ist in § 124 VG normiert.[240] Ein großer Teil der schuldrechtlichen Normen vor allem im Besonderen Teil der Gesetze ist dispositiv, ihr Inhalt kann somit durch vertragliche Ausgestaltung zwischen den Parteien anders festgelegt werden. Sie sollen der Verwirklichung besonderer Bedürfnisse der Parteien nicht im Wege

---

[237] Scheil u.a., Vertragsgesetz der VR China. Übersetzung und Einführung, S. 29 ff.
[238] Buxbaum, Organizational aspects regarding sales law, in: Comparative analysis, S. 29.
[239] Grüneberg, in: Palandt Bürgerliches Gesetzbuch, Überbl v § 311 Rn. 24.
[240] Zhang, Chinese Contract Law. Theory and Practice, S. 12.

stehen.[241] Zwingend sind im deutschen Recht vor allem Regelungen zum Schutz Schwächerer, zum Beispiel die Regelungen zu AGBs in den §§ 305 ff. Sie verfolgen einen Schutzzweck und können nicht abbedungen werden. Dieses Prinzip gilt auch im chinesischen Recht.

Das VG ist insgesamt deutlich umfangreicher als die Vorgängerregelungen im Vertragsrecht (427 Paragraphen zu insgesamt 145), was die Einführung vieler neuer Normen zum Zwecke klarerer Regelung der vertraglichen Sachverhalte zeigt.[242] Während das BGB als umfassendes Zivilgesetzbuch u.a. auch gesetzliche Schuldverhältnisse, sachenrechtliche Regelungen und Familien- und Erbrecht enthält, ist das chinesische VG allerdings auf die fundamentalen Normen zum Vertragsrecht beschränkt, sodass es in § 122 VG für deliktsrechtliche Haftung auf „andere Gesetze" verweist. Für diesen Bereich gibt es seit 2010 ein neues Deliktsgesetz.

Nach der Zielbestimmung des Gesetzes in § 1 VG – Schutz der legalen Rechte und Interessen der Vertragsparteien, Wahrung der sozialen Wirtschaftsordnung, Förderung der sozialistischen Modernisierung - beginnt das Gesetz mit allgemeinen Bestimmungen für Verträge.

Verträge sind innerhalb des VG in § 2 legaldefiniert: *„Die in diesem Gesetz benannten Verträge sind Übereinkommen zwischen natürlichen Personen, juristischen Personen oder anderen Organisationen als gleichberechtigte Subjekte zur Begründung, Änderung oder Beendigung eines Verhältnisses zivilrechtlicher Rechte und Pflichten."* Dies ist somit ein umfassender Anwendungsbereich des Gesetzes. Neben natürlichen und juristischen Personen sind Organisationen ohne die Qualität einer juristischen Person, zum Beispiel Filialen von Betrieben, erfasst.[243] Die Einschränkungen des Anwendungsbereiches der bisherigen drei Vertragsgesetze wurden also aufgehoben. Der Vertrag ist weiterhin definiert als ein (freiwilliges) Übereinkommen, um Rechte und Pflichten zu schaffen, zu ändern oder abzuschaffen. Es müssen wie im deutschen Recht mindestens zwei Parteien kontrahieren. Ein Vertrag ist relativ zwischen den Parteien, schafft somit keine Rechte oder Pflichten für Dritte (§ 8 VG). Ausnahme ist der Vertrag zu Gunsten Dritter und der Vertrag zu Lasten Dritter (§§ 64 f. VG).

---

[241] Köhler, Einführung BGB, S. 18, in: Kötz, Vertragsrecht, 26 f.
[242] Ling, China´s new contract law, in: Comparative analysis, S. 3 f.
[243] Shi, Die Prinzipien des chinesischen Vertragsrechts, S. 19.

Verträge zu Gunsten Dritter sind im BGB gemäß § 328 zulässig, Verträge zu Lasten Dritter verboten.

Im Mittelpunkt eines Vertragsschlusses steht im heutigen chinesischen Recht also die Übereinkunft der Parteien: Dazu muss jeder den Inhalt seines Teils des Geschäfts, seiner angestrebten Rechte und Pflichten ausdrücken und es muss Konsens zwischen den Parteien erreicht werden.[244] Der Wille, ein Verhältnis mit Rechten und Pflichten zwischen den Parteien entstehen zu lassen, muss dabei vorhanden sein.[245]

§ 4 des VG wird als zentrale Quelle der Vertragsfreiheit im chinesischen Recht angesehen: *„Die Parteien genießen das Recht, rechtmäßig aus eigenem Willen Verträge zu errichten"*. Dies umfasst die positive, aber auch die negative Freiheit. Verträge kommen (nur!) auf Basis von freiwilligen Entscheidungen zu Stande, und zwar in der Form und mit den Inhalten, für die sich die Vertragsparteien entscheiden.[246]

Während einzelne chinesische Gelehrte wie Chen kritisieren, dass die Vertragsfreiheit nicht wörtlich ins Gesetz aufgenommen wurde, interpretiert die Mehrheit die Freiwilligkeit des Vertragsschlusses aus § 4 VG als Garantie der Vertragsfreiheit. Der Streit entzündet sich dabei am Wortlaut des § 4, der „aus eigenem Willen Verträge zu errichten" bzw. „making contracts voluntarily" lautet, den Begriff der Vertragsfreiheit selbst nicht beinhaltet. Vertragsfreiheit soll begrifflich als weitergehend im Sinne der maximalen ökonomischen Produktivität zu interpretieren sein; die Parteien sollen durch wirkliche Vertragsfreiheit unterstützt werden, ihr Potential vollständig auszuschöpfen und entsprechende wirtschaftliche Beziehungen mit all ihren notwendigen Ausgestaltungen aufzubauen. „Aus eigenem Willen Verträge zu errichten" stellt begrifflich (nur) die Freiwilligkeit in den Mittelpunkt, was dagegen mehr Raum für Eingriffe durch den Staat lassen soll.[247] Meines Erachtens ist § 4 VG zumindest eine Festlegung des wesentlichen Inhalts der Vertragsfreiheit und - auch im Hinblick auf den Willen des heutigen chinesischen Gesetzgebers, die Privatwirtschaft durch eine Anpassung des Vertragsrechts an die westlichen Prinzipien der Vertragsfreiheit zu stärken – durchaus als umfassende Gewährung einer solchen zu verstehen. Sinn

---

[244] Zhang, Chinese Contract Law. Theory and Practice, S. 36.
[245] Ders., S. 67 f.
[246] Shi, Die Prinzipien des chinesischen Vertragsrechts, S. 49.
[247] Zhang, Chinese Contract Law. Theory and Practice, S. 59.

und Zweck der Norm ist es, dem chinesischen Schuldrecht insgesamt die Grundlage freier Verträge zu geben. Auch deutsche Wissenschaftler sehen § 4 VG unstreitig als Garantie der Vertragsfreiheit an.[248] Folgt man dagegen der Kritik Chens, der sich eine noch deutlicher ausgedrückte Garantie der Vertragsfreiheit gewünscht hätte, könnte man ebenso beim deutschen Recht, welches im BGB keine direkte Definition der Vertragsfreiheit enthält, noch diesen Begriff im Allgemeinen Teil oder im Schuldrecht überhaupt nennt (Nennung nur in den Überschriften zu §§ 1408 f. BGB im Familienrecht), ein solches Prinzip in Frage stellen. Die Vertragsfreiheit wird aber durch den Gesamtcharakter des BGB und die Auslegung der Grundrechte im deutschen Recht als ausreichend legitimiert angesehen. Das chinesische Recht ist hier mit § 4 VG, welcher als allgemeine Bestimmung des Gesetzes ein Grundprinzip des Vertragsrechts normiert, sogar konkreter. § 2 VG liefert zusätzlich eine genaue Definition des Vertragsbegriffs, wie es sie im BGB nicht gibt. Selbst die auch im deutschen Recht zahlreichen Regelungen zur Beschränkung der Vertragsfreiheit lassen in aller Regel keine Diskussion über das grundsätzliche Vorhandensein der Vertragsfreiheit aufkommen. Erklärbar mag die Forderung nach der ausdrücklichen Nennung der Vertragsfreiheit in China sein, wenn man das dortige politische und wirtschaftliche System der Vergangenheit berücksichtigt und darin einen Anlass für mangelndes Vertrauen in solch ein Rechtsinstitut zu sehen vermag. Soweit, dass man das Rechtsinstitut der Vertragsfreiheit mangels ausdrücklicher Nennung des Begriffs trotz weiter Formulierung des § 4 VG in Frage stellt, muss die Skepsis an dieser Stelle aber nicht gehen. Folgt man der Mehrheit der chinesischen Gelehrten, so garantiert das VG mit der Grundlage des § 4 eine umfassende Vertragsfreiheit[249] mit folgenden Teilfreiheiten:

Die Freiheit, sich zu entscheiden, ob man einen Vertrag eingeht oder nicht.
„No unit or individual may unlawfully interfere." – „Keine Einheit und keine Einzelpersonen dürfen widerrechtlich eingreifen." (§ 4 S 2.) Satz 2 gilt dabei als Schutz vor Eingriffen von außen in die genannte freie Entscheidung - auch seitens des Staates - und ist eine zentrale Vorschrift, um die Vertragsfreiheit tatsächlich zu garantieren. Dies entspricht der deutschen Abschlussfreiheit.

---

[248] Gebhardt, Case studies, S. 35; Scheil, Beobachtungen zur Vertragsfreiheit in China, in: Newsletter der deutsch-chinesischen Juristenvereinigung, S. 13.
[249] Zhang, Chinese Contract Law. Theory and Practice, S. 57 f.; Ling, Contract Law in China, S. 41; Shi, Die Prinzipien des chinesischen Vertragsrechts, S. 50.

Die Freiheit zu entscheiden, mit wem man einen Vertrag schließt.
Sie ergibt sich ebenso aus der freien Entscheidung aus § 4 VG. Dies entspricht der deutschen Partnerwahlfreiheit.

Die Freiheit, die Inhalte des Vertrags zu bestimmen.
Diese ist besonders in § 12 VG eingegangen: Die Parteien sollen sich über die Inhalte ihres Vertrages einigen. § 12 VG enthält zudem eine Liste von Inhalten, welche Verträge „im Allgemeinen" enthalten: Bezeichnung oder Name und Sitz der Parteien, Objekt(/Sache), Menge, Qualität, Preis oder Entgelt, Erfüllungsfrist, -ort und –weise, Haftung für Vertragsverletzungen, Methode der Streitbeilegung. Diese sind aber als Vorschläge und nicht als Voraussetzung für das Zustandekommen eines Vertrages anzusehen.[250] Im deutschen Recht ist solch eine Auflistung nicht bekannt. Allerdings ist mit der Lehre der essentialia negotii die Einigung über wesentliche Inhalte (mindestens Vertragsparteien, Leistung und Gegenleistung) des Vertrages Voraussetzung für sein Zustandekommen.[251] Ein Schuldverhältnis erlischt gemäß § 362 BGB, sobald die geschuldete Leistung an den Gläubiger bewirkt wird. Dementsprechend ist es notwendig, dass der Vertrag zumindest so konkret ist, dass der Umfang dieser Leistungspflicht, zum Beispiel durch Auslegung, ermittelt werden kann. Dies gilt an dieser Stelle auch für das chinesische Recht.[252] § 12 Abs. 2 VG erwähnt zudem die mögliche Nutzung von Musterverträgen. Bedingungen und Befristungen können in beiden Rechtsordnungen dem Wirksamwerden von Verträgen vorangestellt werden (§§ 45 f. VG und § 158 BGB). Dies entspricht der deutschen Inhaltsfreiheit.

Die Formfreiheit.
§ 10 VG erlaubt den Vertragsschluss in mündlicher, schriftlicher und „anderer Form". Früher waren Verträge im Anwendungsbereich des WVG, des WVGA und des TVG schriftlich zu verfassen und wurden bei Fehlen der Schriftform oft als unwirksam erklärt.[253] Ausnahmen der heutigen Formfreiheit sind Formerfordernisse für mehrere bestimmte Vertragstypen, welche später dargestellt werden. Dies entspricht der deutschen Formfreiheit.

---

[250] Gebhardt, Comments on the Chinese regulations regarding the conclusion of contracts, in: Comparative analysis, S. 56.
[251] Dörner, in: Nomos Kommentar Bürgerliches Gesetzbuch, S. 115.
[252] Gebhardt, Case studies, S. 38.
[253] Yang, Conclusion of contracts according to Chinese law, in: Comparative analysis, S. 35.

Die Freiheit, Verträge zu ändern oder aufzuheben.
Verträge können im chinesischen Recht durch Einigung der Parteien geändert (§ 77 VG) oder aufgehoben (§ 93 VG) werden. Rechte (§ 78 VG) und Pflichten (§ 84 VG) können auf einen Dritten übertragen werden. § 79 VG nennt Ausnahmen von der Übertragbarkeit von Rechten aus einem Vertrag. Speziell Rechte aus Verträgen, denen eine besondere Beziehung zwischen den Parteien zu Grunde liegt wie Franchise, Arbeitsvertrag oder Schenkung sind nicht übertragbar.[254] Die Übertragung eines Vertrags ist grundsätzlich auch ganz möglich. Sie ist dann als eigenständiger Vertrag losgelöst vom zu Grunde liegenden Vertrag zu sehen. Sie ist dennoch nicht als besonderer Vertragstyp im Besonderen Teil des VG genannt.[255] Grundsätzlich sollen Parteien also nicht an Verträge gebunden sein, deren Inhalte sie übereinstimmend nicht mehr erhalten möchten. Dies entspricht der deutschen Freiheit zur Aufhebung und Änderung.

Die Freiheit des Gläubigers, die Haftung bei Vertragsverletzungen frei zu bestimmen.
§ 107 VG wird so interpretiert, dass der Gläubiger bei Vertragsverletzungen seitens des Schuldners grundsätzlich wählen darf, ob er weiterhin Erfüllung, Schadenersatz, Nacherfüllung oder andere im Gesetz erlaubte Abhilfemaßnahmen vom Schuldner verlangt. Dazu definiert § 111 VG zahlreiche Abhilfemaßnahmen bei Mängeln unter denen der Gläubiger wählen kann, wenn im Vertrag nichts festgelegt wurde. In Deutschland ist zum Beispiel bei den Mängelgewährleistungsrechten im Kaufrecht (§§ 437 ff. BGB) eine Wahlfreiheit des Gläubigers festgelegt, insgesamt ist das BGB aber von klareren Regelungen beherrscht. Die Wahlfreiheit bei Sekundäransprüchen ist im deutschen Recht nicht als wesentliches Element der Vertragsfreiheit angesehen.[256] In § 122 VG werden geschädigte Gläubiger vor die Wahl gestellt, ob der Schuldner nach vertragsrechtlichen oder deliktsrechtlichen Vorschriften haften soll. Gleiches gilt wohl für Ansprüche aus ungerechtfertigter Bereicherung, Geschäftsführung ohne Auftrag etc. Der Gläubiger entscheidet, welche Art von Ansprüchen er durchsetzen will und schließt damit andere konkurrierende Ansprüche aus.[257] Im BGB werden deliktsrechtliche Ansprüche durch die Ausübung von Sekundäransprü-

---

[254] Shao, Modification and assignment of contracts under the contract law of P.R. China, in: Comparative analysis, S. 142 f.
[255] Gebhardt, Case studies, S. 98 f.
[256] Vgl. Inhalte des deutschen Begriffs von Vertragsfreiheit, diese Arbeit, S. 33 ff.
[257] Ling, Contract law in China, S. 461 ff.

chen aus Vertrag in aller Regel nicht ausgeschlossen. Kurz sollen weitere Grundsätze der Haftung erwähnt werden: Das chinesische Recht schreibt nach wohl herrschender Meinung grundsätzlich eine verschuldensunabhängige Haftung aus Vertragsverletzungen vor,[258] während das BGB hier uneinheitlich ist und z.B. in § 280 Abs. 1 S. 2 Vertretenmüssen verlangt. §§ 42 f. des VG normieren eine Haftung aus vorvertraglichem Schuldverhältnis. Sie wurde aus dem deutschen Recht übernommen, wo sie aus §§ 311 Abs. 2, 241 Abs. 2 BGB legitimiert wird.[259]

Die Freiheit, die Art der Schlichtung von Streitigkeiten frei zu wählen.

Nach § 128 VG können Vertragsstreitigkeiten durch eine einvernehmliche Regelung, Schlichtung, ein Schiedsgerichtsverfahren oder eine Klage gelöst werden („conciliation, mediation, arbitration, litigation"). Dabei hält § 128 VG die Parteien dazu an, ihre Streitigkeiten in erster Linie einvernehmlich oder durch Schlichtung zu regeln. Die Klage vor der normalen Gerichtsbarkeit scheint nach dem Willen des Gesetzgebers der letzte Weg zu sein, den die Parteien wählen sollen. Hier zeigt sich die chinesische Tradition, Streitigkeiten eher über persönliche Einigung statt vor einem Gericht zu lösen. § 128 VG garantiert aber die Freiheit, alle vier Möglichkeiten wählen zu können. Zuerst eine interne Regelung anstreben zu müssen ist nicht vorgeschrieben. Allerdings sind die Parteien an die Schiedsgerichtsbarkeit gebunden, sobald sie diese gewählt haben, und können nicht zusätzlich Klage vor einem ordentlichen Gericht erheben.[260] In Deutschland ist die Klage die übliche, wenn auch nicht einzig mögliche Art, Ansprüche durchzusetzen. Die Wahl der Streitbeilegungsmethode wird im deutschen Recht nicht als wesentlicher Aspekt der Vertragsfreiheit angesehen.

Auf zwei zentrale Punkte zusammengefasst sorgt das Prinzip der Freiwilligkeit aus dem VG für folgende Situation: a) Das Recht der Parteien, nach ihrem Willen bis zu den Grenzen des Rechts Verträge einzugehen wird gewährleistet und b) anderen Organisationen oder Individuen wird es verboten, rechtswidrig in diese Verträge einzugreifen.[261] Hier kann als Zwischenergebnis bereits die grundsätzliche Ähnlichkeit der Begriffe der Vertragsfreiheit aus dem deutschen und chinesischen Recht

---

[258] Gebhardt, Case studies, S. 167; Diskussion bei Zou/Fischer, Haftung aus Vertragsverletzungen, in: Chinesisches Zivil- und Wirtschaftsrecht, S. 34 ff.
[259] Ying, Verschulden bei Vertragsverhandlungen im chinesischen Recht, S. 9 f.
[260] Zhang, Chinese Contract Law. Theory and Practice, S. 57 f.
[261] Zhang, Chinese Contract Law. Theory and Practice, S. 74.

festgestellt werden. Unterschiede ergeben sich beispielsweise in der Streitbeilegung. Die Vertragsfreiheit ist umfassend im chinesischen VG geregelt und garantiert.

In der Bundesrepublik ist die Privatautonomie und damit die Vertragsfreiheit wie dargestellt in erster Linie über die Verfassung geschützt. Sie ist, gemeinsam mit der (formalen) Gleichheit und Treu und Glauben, als Grundprinzip des deutschen Zivilrechts anerkannt.[262] Diese Prinzipien gehen auf die Ziele der französischen Revolution Freiheit, Gleichheit, Brüderlichkeit zurück.[263] In seiner Ursprungsversion war das BGB geprägt vom (vor allem wirtschaftlichen) Liberalismus, der sich auf der Grundlage der Vorstellungen in Zeiten der Aufklärung[264] im 19. Jahrhundert entwickelte. Lehren von Kant und Anderen hatten schon lange vorher die Gleichheit der Menschen und die Anerkennung ihrer Freiheit propagiert,[265] der liberale Geist hatte zudem schon u.a. in der amerikanischen Bill of Rights von 1791 Niederschlag gefunden.[266] In Deutschland konnte man auf diesen Lehren und der wohl schon Mitte des 19. Jahrhunderts im Preußischen Recht vorliegenden umfassenden Vertragsfreiheit[267] sowie römischen Ursprüngen[268] aufbauen. In dem Glauben, dass Freiheit und Gleichheit aller Bürger und möglichst geringe Eingriffe durch den Staat zum besten Ausgleich der Interessen der Bürger führen würden, wurde mit dem BGB eine freiheitsorientierte Zivilrechtsordnung geschaffen, welche zur Basis einer funktionierenden Marktwirtschaft (in der ehemaligen DDR bis 1990 unterbrochen durch planwirtschaftliche Elemente) wurde. In den vergangenen Jahrzehnten gab es einige Änderungen des BGB, beispielsweise stärkere Reglementierungen mit dem Ziel des Verbraucherschutzes. Hier hat sich vor allem der Einfluss der EU bemerkbar gemacht, welche neben unmittelbar bindenden Verordnungen zahlreiche Richtlinien erlassen hat, die in das nationale Recht umgesetzt werden mussten. So wurde beispielsweise die AGB-Richtlinie, der Haustürwiderruf oder die Kaufrechtsrichtlinie im Rahmen der Schuldrechtsreform 2002 umgesetzt.[269] In der Geschichte des deutschen Zivilrechts hat man zudem insgesamt gelernt, dass nicht unbeschränkte

---

[262] Zhou, Inneres System des deutschen Privatrechts in der VR, S.20.
[263] Dies., S. 20 ff.; Zweigert/Kötz, Einführung in die Rechtsvergleichung, S. 147.
[264] Zhou, Inneres System des deutschen Privatrechts in der VR, S. 29.
[265] Dies., S. 94 f.
[266] Laufs, Rechtsentwicklungen in Deutschland, S. 293.
[267] Wesel, Geschichte des Rechts, S. 458.
[268] Busche, Privatautonomie und Kontrahierungszwang, S. 46.
[269] Zhang, möglicher Einfluss des Deutsch. und Europ. Vertragsrechts auf das Chinesische, in: Freilaw, S. 2 f.

rechtliche Freiheit die Schwierigkeiten des Kapitalismus löst und zum sozialen Optimum in der Gesellschaft führt, sondern dass speziell zum Schutze Schwächerer oder der Aufrechterhaltung des Wettbewerbs durch Verhinderung von Monopolen auch Beschränkungen notwendig sind.[270] Zu diesem Zweck existieren heute auch zahlreiche Sondergesetze. Insgesamt fand eine Anpassung des deutschen Zivilrechts an die Theorie einer sozialen Marktwirtschaft, auch im Hinblick auf die Umsetzung des Sozialstaatsprinzips des GG, statt.[271] Diese neuen, beschränkenden Vorschriften konnten am liberalen Gesamtcharakter wenig ändern.[272] Der Geist der Vertragsfreiheit als rechtlicher Freiraum, Verpflichtungen einzugehen, dies aber nicht tun zu müssen,[273] dominiert weiterhin das BGB und kann zum Beispiel in folgenden Vorschriften entdeckt werden: Durch § 311 Abs. 1 BGB (§ 305 a.F.) und § 241 BGB bestimmen in erster Linie die vertraglichen Schuldverhältnisse als Ergebnis des Willens der Parteien über die zwischen ihnen geltenden Rechte und Pflichten. Dies ist die wohl deutlichste Quelle der Abschluss-, Aufhebungs- und Beendigungsfreiheit im BGB.[274] § 241 BGB sorgt für den gesetzlichen Schutz der vertraglichen Ansprüche. Er definiert das Recht, Haupt- und Nebenleistungspflichten seitens des Vertragspartners einzufordern und verkörpert den Aspekt der Inhaltsfreiheit. Im deutschen Recht gilt der Grundsatz „pacta sunt servanda": Verträge, auch formlos geschlossene,[275] haben grundsätzlich rechtliche Bindungskraft und sind einzuhalten.[276] Durch einseitige Erklärung kann man sich in der Regel nicht von geschlossenen Verträgen lösen, sondern hat die Pflichten aus dem geschlossenen Vertrag zu erfüllen. Dieser Grundsatz prägt auch das chinesische Recht, ist besonders deutlich in § 8 VG normiert, wo die rechtliche Bindungswirkung der Verträge und das Verbot, Verträge eigenmächtig aufzulösen oder abzuändern, festgestellt wird: *„Ein rechtmäßig zustande gekommener Vertrag hat für die Parteien rechtliche Bindungswirkung. Die Parteien müssen vereinbarungsgemäß die eigenen Pflichten erfüllen und dürfen den Vertrag nicht eigenmächtig ändern oder auflösen. Ein rechtmäßiger Vertrag steht unter dem Schutz des Gesetzes."* Vor allem Satz 3 ist essentiell: Durch den Schutz des Gesetzes ist es

---

[270] Zhou, Inneres System des deutschen Privatrechts in der VR, S. 63, 67 ff.; europäische Perspektive in Rösler, Schutz des Schwächeren im Europäischen Vertragsrecht, in: RabelsZ Bd. 73, S. 891 ff.
[271] Zhou, Inneres System des deutschen Privatrechts in der VR., S. 72.
[272] Gebhardt, Comparative analysis, S. 7.
[273] Busche, Vertragsfreiheit und Grundgesetz, S. 2.
[274] Ders., S. 65.
[275] Kötz, Vertragsrecht, S. 69.
[276] Meder, Rechtsgeschichte, S. 410.

möglich, die bindenden Ansprüche aus einem Vertrag tatsächlich durchzusetzen. Erfüllt eine Partei ihre Pflichten aus dem Vertrag nicht, so stehen der anderen Partei Rechtsmittel offen.[277] Rechte aus einem Vertrag werden gleichzeitig durch den Staat gegen Eingriffe Dritter geschützt.[278]

In China gibt es nach §§ 68 f. VG als bedeutsame Ausnahme von diesem Prinzip die Möglichkeit, die Vertragserfüllung auszusetzen, wenn bei der Gegenpartei Umstände auftreten, die zum Verlust ihrer Fähigkeit zu erfüllen geführt haben oder führen können. Diese eigentlich aus dem Common Law stammende Vorschrift[279] hat in China vor allem in Beziehungen zu staatlichen Unternehmen größere Bedeutung, da viele in den vergangenen Jahren Liquiditätsprobleme hatten.[280] Im BGB ist in § 321 eine ähnliche Möglichkeit normiert.

§ 3 VG betont die Gleichberechtigung der Parteien: *„Die rechtliche Stellung der Parteien ist gleich, eine Seite darf nicht ihren Willen der anderen Seite aufdrängen."* Dieser Grundsatz der rechtlichen Gleichheit war im Kern auch schon in den Vorgängergesetzen enthalten (jedenfalls im Rahmen der jeweiligen beschränkten Anwendungsbereiche), aber durch staatliche Eingriffsmöglichkeiten beschränkt. Rechtlich gleichgestellt sind heute alle Vertragsteilnehmer, unabhängig davon, ob sie staatliches oder privates Organ, juristische Person oder natürliche Person etc. sind. Zwang, auch staatlicher, ist unter Vertragsparteien verboten.[281] Alle Parteien sind in gleichem Maße durch das Recht geschützt.[282] Durch die Gleichheit wird auch erst der Vertragsschluss ermöglicht, da sich dieser aus übereinstimmenden Willenserklärungen ergibt.[283] § 3 VG ist also im Zusammenhang mit der Freiwilligkeit aus § 4 VG zu sehen. Diese würde durch Eingriffe, wie sie in § 3 2. Hs. VG genannt sind, zerstört werden.

Ein Vertrag ergibt sich auf Basis dieser Gleichheit durch Angebot und Annahme gemäß § 13 i.V.m § 25 VG. Dieses dem deutschen Recht entsprechende Prinzip ist an dieser Stelle zum ersten Mal in chinesisches Recht aufgenommen worden und

---

[277] Shi, Die Prinzipien des chinesischen Vertragsrechts, S. 54.
[278] Ling, Contract law in China, S. 46.
[279] Shen, Die sozialistische Marktwirtschaft und das chinesische Vertragsrecht, in: Zivil- und Wirtschaftsrecht im europäischen und globalen Kontext, S. 131.
[280] Julius, Comments on Chinese regulations on the performance of contracts, in: Comparative analysis, S. 138.
[281] Chen, Chinese Law Context and Transformation, S. 454.
[282] Ling, Contract law in China, S. 41.
[283] Shi, Die Prinzipien des chinesischen Vertragsrechts, S. 48 f.

bedeutsam als konkrete Regelung für das Zustandekommen von Verträgen.[284] Das VG enthält insgesamt 34 Paragraphen über den Vertragsschluss und ist damit hier nur auf den ersten Blick ausführlicher als das deutsche Recht, da dem VG der gesonderte Abschnitt über Willenserklärungen fehlt. Die Definition des Angebots in § 14 VG entspricht der deutschen Definition. Aus der Willenserklärung muss der Rechtsbindungswille hervorgehen.[285] Ebenfalls schriftlich kodifiziert ist die „invitation for offer" oder „Aufforderung zur Abgabe eines Angebots" in § 15 VG, welche der von der deutschen Rechtsprechung und Lehre entwickelten invitatio ad offerendum entspricht.[286] Der Vertragsschluss bei Schriftform richtet sich nach § 32 VG, wo Stempel Unterschriften gleichgestellt werden. Verträge können auch „via data message", „in Form von Datentexten" zu Stande kommen, das heißt Willenserklärungen via Fax, Email oder Internet sind gleichwertig zu unter Anwesenden geäußerten Willenserklärungen.[287] In § 16 Abs. 2 VG ist ihr Zugang explizit geregelt. Sie gelten als zugegangen, sobald sie in das System des Empfängers eingegangen sind. Eine solche spezielle Kodifikation fehlt innerhalb des BGB. Ein kaufmännisches Bestätigungsschreiben, wie im Geschäftsverkehr unter deutschen Kaufleuten üblich, existiert auch in China. Gemäß § 33 S. 2 VG muss allerdings das Bestätigungsschreiben als Annahme von der anderen Partei unterschrieben werden, bevor ein Vertrag zu Stande kommt. Eine weitere Besonderheit bezüglich der Form im chinesischen Recht ergibt sich, wenn eine Vertragspartei bereits ihre wesentlichen Vertragspflichten erfüllt hat und die andere Partei der Ausführung dieser Pflichten zugestimmt hat: Dann sind auch Verträge, welche normalerweise Schriftform erfordern würden, ohne schriftliches Dokument wirksam zu Stande gekommen (§§ 36 f. VG). Dies spricht dafür, dass ein Mangel der Form nicht automatisch zur Nichtigkeit des Vertrages führen soll.[288] Neben dem Recht, ein Angebot vor Zugang zu widerrufen (§ 17 VG), gestattet das chinesische Recht nach § 18 VG die Freiheit, ein Angebot aufzuheben wenn das Angebot der anderen Partei bereits zugegangen ist, solange diese die Annahme noch nicht geäußert hat. Ausnahmen dieser Regel sind in § 19 VG kodifiziert. Eine solche Aufhebung – in der englischen Übersetzung als „to revoke" bezeichnet, was

---

[284] Zhang, Chinese Contract Law. Theory and Practice, S. 91.
[285] Gebhardt, Case studies, S. 38.
[286] Ders., Comments on the Chinese regulations regarding the conclusion of contracts, in: Comparative analysis, S. 53.
[287] Yang, Conclusion of contracts according to Chinese law, in: Comparative analysis, S. 37.
[288] Zhang, Chinese Contract Law. Theory and Practice, S. 113.

ebenso als widerrufen oder zurücknehmen übersetzt werden kann - ist im deutschen Recht nicht möglich. Möglich ist nur ein Widerruf des Angebots entsprechend § 17 VG, sofern dieser die andere Partei vor oder gleichzeitig mit Erhalt des Angebots erreicht, § 130 Abs. 1 S. 1 BGB. Das VG folgt hier dem Modell des CISG und des UNIDROIT, welche ebenfalls eine solche Aufhebungsmöglichkeit vorsehen.[289] Das VG enthält im Gegensatz zum BGB eine Definition der Annahme (§ 21). §§ 22 bis 24 VG definieren darüber hinaus Regeln, wann eine Annahmefrist beginnt. Diese Vorschrift wurde ebenfalls aus dem CISG übernommen. Eine konkludente Annahme ist nach § 26 VG nur ausnahmsweise möglich, § 151 VG sieht diese bei entsprechender Verkehrssitte vor. Die chinesische Rechtsprechung, auch auf Ebene des Supreme Courts, erkennt seit langem konkludente Annahmen grundsätzlich an, wenn eine Partei durch ihre Handlungen klar macht, dass sie rechtlich gebunden sein möchte. Annahmen können nicht widerrufen werden, wenn sie der anderen Partei bereits zugegangen sind (§ 27 VG). Diese Regelung entspricht der deutschen aus § 130 Abs. 1 S. 2 BGB.[290] Abändernde Annahmen mit wesentlichen Änderungen gelten gemäß § 31 VG als neue Angebote. Auch diese Norm steht im Einklang mit der entsprechenden Regelung des CISG.[291] Nach § 150 BGB sind schon Annahmeerklärungen mit unwesentlichen Änderungen grundsätzlich als Ablehnung verbunden mit einem neuen Angebot anzusehen.[292] Dies gilt nicht, wenn es sich um ein kaufmännisches Bestätigungsschreiben handelt (Geltung über § 346 HGB, Schweigen als Annahme gemäß § 362 HGB), welches bei Redlichkeit kleine Änderungen des Vertragsinhalts zulässt, sofern die andere Partei einem solchen Schreiben nicht widerspricht. Insgesamt wird in diesem Abschnitt die Orientierung des VG am CISG deutlich, welches sich in einigen Punkten von den Regelungen des BGB unterscheidet. Das Zustandekommen von Verträgen durch Angebot und Annahme ist in allen drei Gesetzen aber eine entscheidende Gemeinsamkeit und Voraussetzung zur Ausübung der Abschlussfreiheit.

In diesem Zusammenhang ist die Auslegung von Verträgen wichtig. § 125 VG normiert dazu, dass „der wirkliche Sinn einer Klausel" festgestellt werden soll. Dazu

---

[289] Pißler, Das neue chinesische Vertragsrecht, in: RabelsZ Bd. 68, S. 332.
[290] Gebhardt, Comments on the Chinese regulations regarding the conclusion of contracts, in: Comparative analysis, S. 55.
[291] Zhang, Chinese Contract Law. Theory and Practice, S. 13.
[292] BGH NJW 01, 222.

ist in § 125 VG der Wortlaut des Vertrages als erste Quelle der Auslegung aufgeführt. Dies legt den Vorrang der wörtlichen Auslegung nahe. Danach sind gemäß § 125 VG aber auch die mit der fraglichen Klausel in Verbindung stehenden Klauseln, der Vertragszweck, die Geschäftsgepflogenheiten und der Grundsatz von Treu und Glauben als wichtige Regel der Vertragsauslegung zu beachten.[293] Treu und Glauben[294] dient als Auffangtatbestand und weist vor allem Gerichten einen großen Auslegungsspielraum zu. Im Zusammenhang mit unklaren Klauseln ist § 61 VG interessant: Er erlaubt, ergänzende Vereinbarungen über die Inhalte eines bestehenden Vertrags, welche nicht klar definiert wurden, zu schließen. Im deutschen Recht ist gemäß § 133 BGB der wirkliche Wille der Parteien zu erforschen, das von den Parteien übereinstimmend Gewollte. § 157 BGB erwähnt ebenfalls Treu und Glauben mit Rücksicht auf die Verkehrssitte. Hier ist der objektive Empfängerhorizont zu beachten. Bei lückenhaften Verträgen ist eine ergänzende Vertragsauslegung im deutschen Recht anerkannt. Sie wird auf § 157 oder § 242 BGB gestützt.[295]

Aufgrund der großen Bedeutung speziell für ausländische Unternehmen muss kurz auf die chinesischen Regelungen des Internationalen Privatrechts eingegangen werden. Gerichte in China wenden grundsätzlich das materielle Recht des Landes an, zu dem ein Vertrag mit Auslandsbezug die engste Verbindung hat. Zur Beurteilung der engsten Verbindung wird der Ort des Vertragsschlusses oder seine Ausübung, der Aufenthaltsort der Vertragsparteien oder das örtliche Befinden des Vertragsobjekts herangezogen.[296] Dies gilt aber nur, sofern die Vertragsparteien keine Rechtswahl getroffen haben: Liegt eine solche vor, erkennt das chinesische Recht nach § 126 VG i.V.m. §§ 142 ff. AGZ diese privatautonome Entscheidung an. Das chinesische IPR enthält damit ein bekanntes Prinzip des Internationalen Vertragsrechts, wie es auch in der Rom I-Verordnung kodifiziert ist. Laut Supreme Court muss die Rechtswahl ausdrücklich erklärt werden. Eine Verbindung zu dem Land, dessen Recht gewählt wurde ist nicht notwendig.[297] Vorrangig anzuwenden sind internationale Abkommen. Im April 2011 soll in China ein IPR-Gesetzbuch in Kraft

---

[293] Zhang, Chinese Contract Law. Theory and Practice, S. 130 f.
[294] Siehe auch eigene Arbeit, S. 63 ff.
[295] Kötz, Vertragsrecht, S. 28 ff.
[296] Shi, Miscellaneous stipulations of Chinese contract law, in: Comparative analysis, S. 219.
[297] Zhang, Chinese Contract Law. Theory and Practice, S. 330 ff.; zur Privatautonomie bei der Frage des anwendbaren Rechts im Detail vgl. ders., Choice of Law in Contracts: A Chinese Approach, in: Northwestern Journal of International Law & Business, S. 313 ff.; Pißler, Regeln des IPR der VR China, in: Zeitschrift für Chinesisches Recht, S. 337 ff.

treten. Dieses neue Recht wird das Vertragsstatut weiterhin in erster Linie unter die Wahl der Parteien stellen. Wurde keine Rechtswahl getroffen, so wird auf den Wohnort der zur Erfüllung der Hauptpflicht verpflichteten Partei oder das Recht mit der engsten Verbindung zum Vertrag abgestellt.[298]

Zusammenfassend kann man die Definitionen der Vertragsfreiheit des chinesischen und deutschen Rechts nebeneinander stellen. Bereits festgestellt wurde, dass auch das chinesische Vertragsrecht die (formale) Gleichheit der Parteien und ihre Freiheit, nach ihrem Willen Verträge zu schließen, als Fundament respektiert. Die Vertragsfreiheit ist somit im heutigen chinesischen Recht anerkannt. Dies umfasst auch im chinesischen Vertragsrecht folgende Aspekte der Freiheit: Die Abschlussfreiheit, die freie Wahl des Vertragspartners, die Freiheit in der Gestaltung des Vertragsinhalts, die Freiheit zur Abänderung und Beendigung des Vertrages und die freie Wahl der Form des Vertrages.[299] Zahlreiche weitere Gemeinsamkeiten zwischen den beiden Zivilrechtsordnungen wie das Prinzip von „pacta sunt servanda" oder das Prinzip von Treu und Glauben,[300] die Möglichkeit einer Rechtswahl für grenzüberschreitende Sachverhalte usw. konnten festgestellt werden. Auch die Bestimmungen zur Begründung und Wirksamkeit der Verträge ähneln grundsätzlich den deutschen Normen.[301] Gleichzeitig wurden andere Einflüsse deutlich, speziell das UN-Kaufrecht (zum Beispiel bei der Regelung zur Aufhebung von Anträgen) und traditionelle chinesische Einflüsse (z. B. bei der Freiheit, die Art der Streitschlichtung zu wählen) sind zu nennen.

---

[298] Mullin, new IPR rules in China, in: chinalawupdate.cn.
[299] Scheil u.a., Vertragsgesetz der VR China. Übersetzung und Einführung, S. 13.
[300] Weitere Betrachtung im folgenden Teil dieser Arbeit.
[301] Shi, Die Prinzipien des chinesischen Vertragsrechts, S. 147.

5. Teil: Einschränkungen der Vertragsfreiheit

A. Verfassung

Die Verfassung der VR China enthält in Art. 18 eine erste Beschränkung der Vertragsfreiheit in Form eines Gesetzesvorbehalts. Werden Ausländer in China wirtschaftlich tätig, so müssen sie die chinesischen Gesetze einhalten. Bezüglich der Grundrechte (Art. 33 ff. der chinesischen Verfassung) gibt es wie bereits dargestellt keinen Zwang des Staates, diese umfassend zu schützen. Sie können jederzeit durch Gesetze oder ministerielle Verordnungen beschränkt werden.[302] Art. 51 schreibt vor, dass die Bürger bei der Ausübung ihrer Freiheiten und Rechte die Interessen des Staates, der Gesellschaft, des Kollektivs oder die rechtmäßigen Freiheiten und Rechte anderer Bürger nicht verletzen dürfen. Durch die fehlende Schutzwirkung der Grundrechte ergibt sich hier aber keine Verpflichtung für den Staat, die Privatautonomie oder Grundrechte zum Schutz der Freiheiten Dritter tatsächlich zu beschränken. Die Beachtung von Staatsplänen ist nicht mehr als beschränkendes Element in der Verfassung verankert.[303]

In Deutschland ist die Vertragsfreiheit über Art. 2 GG dagegen zwar konsistent geschützt, allerdings nur innerhalb der Schranken verfassungsmäßiger Ordnung. Der Staat muss tätig werden, um Grundrechte Dritter zu schützen und kann dabei im Rahmen der praktischen Konkordanz verhältnismäßig die Freiheiten aus Art. 2 Abs. 1 einschränken.[304] Als geschützte verfassungsmäßige Ordnung gemäß Art. 2 Abs. 1 GG gelten neben den Grundrechten vor allem das Sozialstaatsprinzip (Artt. 20, 28 GG) und die soziale Bindung des Eigentums, sowie die einfachen Gesetze, welche grundlegende Verfassungs- und Rechtsprinzipien konkretisieren. Das Verfassungsrecht wirkt als objektive Werteordnung[305] auf das BGB durch Generalnormen wie §§ 242 oder 826 BGB (verfassungsmäßige Ordnung) ein und hat somit beschränkende Wirkung auch auf die Verhältnisse zwischen den Bürgern (Theorie der mittelbaren Drittwirkung). Eine Beschränkung der Vertragsfreiheit kann dadurch nötig werden. Die genannten Generalnormen werden auf den folgenden Seiten näher erläutert. Neben dem Schutz der verfassungsmäßigen Ordnung sind in

---

[302] Heuser, What „Rule of Law"?, in: Chinas new role, S. 83.
[303] Clarke, Legislating for a Market Economy, in: China's legal system: new developments, new challenges, S. 17.
[304] Bäuerle, Vertragsfreiheit und Grundgesetz, S. 291.
[305] Ders., S. 19.

Art. 2 Abs. 1 S. 2 die Schranken der Rechte Dritter und der Guten Sitten genannt. Ein Vertrag ist also auch nichtig, wenn er in Rechte Dritter eingreift, welche sich wiederum aus dem Zivilrecht ergeben. Die Guten Sitten sind im Zivilrecht besonders über § 138 BGB geschützt. Rechtsprechung und Gesetzgeber müssen aufgrund der verfassungsrechtlichen Grundlagen Missbräuchen der Vertragsfreiheit entgegentreten. Es muss keine Billigkeit herbeigeführt werden, aber im Lichte des GG für ein Mindestmaß an Gerechtigkeit gesorgt werden, dabei vor allem Machtmissbrauch verhindert werden.[306] Es besteht somit eine bedeutende Konnexität zwischen GG und einfachem Recht.[307] Gemäß Art. 19 Abs. 2 GG dürfen Grundrechte und damit auch die Vertragsfreiheit im Rahmen der Allgemeinen Handlungsfreiheit aber nicht in ihrem Wesensgehalt angetastet werden.

B. Allgemeine Grundsätze des Zivilrechts

Die AGZ enthalten keine ausdrückliche Kodifikation einer umfassenden Vertragsfreiheit. Wie dargestellt sind aber wesentliche Faktoren einer Vertragsfreiheit wie die Freiwilligkeit, die Gleichheit oder der Schutz des Gesetzes für Rechte aus Verträgen festgehalten. Gleichzeitig enthalten die AGZ aber zahlreiche Pflichten und sonstige Einschränkungen für Vertragsparteien, von denen die wichtigsten im Folgenden erläutert werden.

Jeder Vertragspartner muss geschäftsfähig sein. In den AGZ ist die Geschäftsfähigkeit in den §§ 11 bis 13 geregelt. Grundsätzlich sind alle Volljährigen geschäftsfähig. Die Volljährigkeit tritt mit Vollendung des 18. Lebensjahrs ein. Dies entspricht der deutschen Regelung. Wer 16 Jahre alt ist und seine Einkünfte hauptsächlich aus eigener Arbeit erwirtschaftet, ist in China ebenfalls geschäftsfähig.[308] Beschränkt geschäftsfähig sind Minderjährige ab einem Alter von 10 Jahren (in Deutschland 7) und geistig Behinderte („persons of limited competence"). Sie dürfen nur Verträge abschließen, welche für ihr Alter, ihre Intelligenz und ihre mentale Gesundheit angemessen sind.[309] Wie im deutschen Recht müssen die gesetzlichen Vertreter einwilligen. Bis dahin sind Verträge gemäß § 47 AGZ schwebend unwirksam, während sie

---

[306] Ellenberger, in: Palandt, Einf v § 145 Rn. 7; Zhou, Inneres System des deutschen Privatrechts in der VR, S. 60 ff.
[307] Bäuerle, Vertragsfreiheit und Grundgesetz, S. 23.
[308] Chen, Chinese Law Context and Transformation, S. 347.
[309] Zhou, Provisions on validity of contracts in the contract law of China, in: Comparative analysis, S. 94.

zu Zeiten des WVG noch als nichtig galten. Vertragsschlüsse durch Geschäftsunfähige sind nichtig.[310] Juristische Personen nach chinesischem Gesellschaftsrecht sind während ihres Bestehens ebenfalls geschäftsfähig.

§ 4 AGZ normiert, dass sich Rechtsgeschäfte an das Prinzip von Treu und Glauben halten müssen. Tun sie dies nicht, sind sie unwirksam. Dieses Prinzip entstammt dem römischen Recht und ist ebenfalls ein allgemeiner Grundgedanke des deutschen Rechts und anderer Zivilrechtsordnungen.[311] Es ist auch in das VG aufgenommen worden.

§ 4 AGZ fordert ebenso die Einhaltung des Prinzips der Gerechtigkeit: Das Gesetz liefert keine genaue Definition dieses Begriffs. Grundsätzlich müssen die Rechte und Pflichten aus einem Vertrag in einem gerechten Verhältnis stehen. Gerechtigkeit ist hier somit als sozialer Maßstab zu sehen, der auslegungsbedürftig ist. Zusätzlich ist in § 4 AGZ die wertmäßige Entgeltlichkeit genannt. Es handelt sich dabei um die Gerechtigkeit im wirtschaftlichen Sinne. Der chinesische Gesetzgeber sieht hier eine Äquivalenz des Wertes des erworbenen Rechts und der zu erfüllenden Pflicht in allen Rechtsgeschäften vor.[312] Chinesische Gerichte überprüfen bei Wirtschaftsverträgen in erster Linie, ob beide Parteien die Risiken der Transaktion in einem gerechten Verhältnis tragen. Dann wird die Äquivalenz zwischen Rechten und Pflichten überprüft. Zur Beurteilung der Gerechtigkeit findet zum Teil auch ein Vergleich des geschlossenen Vertrags mit staatlichen Musterverträgen statt. Eine ausdrückliche Regelung über die Entgeltlichkeit von Rechtsgeschäften oder eine Pflicht, wertmäßig objektiv äquivalente Leistungen und Gegenleistungen festlegen zu müssen, besteht im deutschen Recht nicht. In diesem Zusammenhang ist auch § 59 der AGZ zu nennen: Offensichtlich unfaire Rechtsgeschäfte, bei denen eine Partei die andere ausgenutzt hat, können wieder aufgehoben werden. Dies entspricht dem zur Nichtigkeit führenden sittenwidrigen Rechtsgeschäft aus § 138 BGB und erinnert besonders an die speziellere Vorschrift des § 138 Abs. 2 BGB zum Wucher, dem häufig Verbraucher als die schwächere Partei eines Vertrags zum Opfer fallen.[313]

---

[310] Ying, Verschulden bei Vertragsverhandlungen im chinesischen Recht, S. 40 f.
[311] Wang, Rechtsvergleichende Untersuchung AGZ BGB, S. 62 f.
[312] Dies., S. 61.
[313] Zhou, Chinesisches Verbraucherschutzrecht, S. 115.; Zhang, Verbraucherschützendes Widerrufsrecht, S. 100 f.

§ 5 der AGZ ist einerseits als Garantie des Schutzes von Rechten aus einem Schuldverhältnis zu sehen, beschränkt gleichzeitig den Abschluss von Rechtsgeschäften aber auf Geschäfte, die nicht in gesetzlich geschützte Rechte Dritter eingreifen.

§ 6 AGZ besagt allgemein, dass Rechtsgeschäfte Gesetze und staatliche Richtlinien („state policies") einhalten müssen. Nicht nur gesetzliche Regelungen wie die AGZ, die Verfassung, das Strafrecht oder spezielle Zivilrechtsbücher, sondern auch ministerielle Verordnungen oder Verwaltungsbestimmungen sind (subsidiär zu Gesetzen) beim Abschluss von Rechtsgeschäften einzuhalten und fallen unter den Begriff „Gesetz". Auch regionale Gesetze oder internationale Abkommen fallen darunter.[314] Hier wird also der Grundsatz der Rechtmäßigkeit normiert. Zusätzlich sind staatliche Richtlinien, auch Politnormen genannt, einzuhalten. Dies ist ein Einfalltor für die Politik der KP, da sie die zu beachtenden staatlichen Richtlinien in ihrem Sinne formulieren kann. Auch Richter haben die staatliche Politik und somit die der Partei zu beachten. Diese Politnormen haben eine lange Tradition in China, werden oft kurzfristig verändert und können in Gesetzesrecht umgesetzt werden oder ohne gesetzliche Umsetzung durch Kampagnen oder über die Massenmedien durchgesetzt werden. Ihr Festlegungsverfahren ist oft nicht klar geregelt.[315] Politische Ansichten, die in außerjuristischen Dokumenten niedergelegt sind, dürfen ebenfalls herangezogen werden.[316] In Deutschland normiert § 134 BGB eine Nichtigkeit von Verträgen, die gegen gesetzliche Verbote verstoßen.

Einen besonderen gesellschaftlichen Aspekt enthält § 7 AGZ. *„Zivilgeschäfte müssen die allgemeine gesellschaftliche Moral wahren und dürfen nicht die allgemeinen gesellschaftlichen Interessen schädigen,* ~~den staatlichen Wirtschaftsplan brechen~~ *oder die sozioökonomische Ordnung stören."* Da in das VG in § 7 eine nahezu identische Vorschrift aufgenommen wurde, soll diese Regelung dort näher erläutert werden. Die Klausel über den staatlichen Wirtschaftsplan wurde entfernt, so dass diese Pläne heute nicht mehr unmittelbar beachtet werden müssen.[317]

§ 42 AGZ enthält eine Besonderheit für juristische Personen: *„Juristische Unternehmenspersonen müssen innerhalb des überprüften, genehmigten und registrierten*

---

[314] Wang, Rechtsvergleichende Untersuchung AGZ BGB, S. 64.
[315] Von Senger, Einführung in das chinesische Recht, S. 198 ff.
[316] Ling, Contract law in China, S. 37; speziellere Regelung wiederum im VG.
[317] Vgl. aktuelle Gesetzestexte.

Betriebsbereiches betrieben werden." Vertragsschlüsse außerhalb ihres üblichen Geschäftsbereiches sollen heute allerdings nicht mehr zur Unwirksamkeit des Vertrages führen, außer die juristische Person hat dabei gegen andere Schutznormen verstoßen.[318]

§ 56 AGZ schreibt vor, dass die im Gesetz genannte Form für Rechtsgeschäfte beachtet werden muss. Im Grundsatz sind die Geschäfte formfrei.

§ 55 AGZ nennt Voraussetzungen für die Wirksamkeit von Rechtsgeschäften: Der Handelnde muss geschäftsfähig sein, seine Willenserklärung muss wahr sein (mit seinem wahren Willen übereinstimmen und auf seinem freien Willen beruhen[319]) und weder das Gesetz, noch die gesellschaftlichen öffentlichen Interessen dürfen verletzt werden. Die Allgemeinen Bestimmungen (Kapitel 1, §§ 1 - 7) der AGZ dürfen, bis auf die Ausnahme des Verstoßes gegen Treu und Glauben aus § 4, nicht direkt zur Schließung von Gesetzeslücken herangezogen werden.[320] Entsprechend normieren andere Vorschriften wie hier § 55 konkrete Rechtsfolgen für Verstöße gegen die genannten Prinzipien.

Im Umkehrschluss zählt § 58 AGZ Gründe für die Unwirksamkeit von Rechtsgeschäften auf. In § 52 VG besteht heute eine speziellere Norm, welche im Detail Nichtigkeitsgründe für Verträge definiert. Sie ist statt § 58 AGZ anzuwenden,[321] so dass die genauen Unwirksamkeitsgründe an dortiger Stelle untersucht werden. Kurz herauszugreifen ist § 58 Nr. 6 AGZ, welche Wirtschaftsverträge, die Imperativplänen des Staates (also staatlichen Wirtschaftsplänen) zuwiderlaufen für nichtig erklärt hat. Diese ehemals die Freiheiten der Vertragsparteien massiv beschränkende Vorschrift wurde 2009 durch den Nationalen Volkskongress aufgehoben. Insofern ist auch den AGZ keine Notwendigkeit einer umfassenden Berücksichtigung von staatlichen Plänen mehr zu entnehmen.[322]

§ 59 AGZ ermöglicht eine Aufhebung bei schwerwiegendem Irrtum oder grober Ungerechtigkeit. Diese Regelung ist in § 54 ebenfalls in das VG eingegangen.

---

[318] Ying, Verschulden bei Vertragsverhandlungen im chinesischen Recht, S. 41 f.
[319] Wang, Rechtsvergleichende Untersuchung AGZ BGB, S. 112.
[320] Zhou, Inneres System des deutschen Privatrechts in der VR, S. 156 f.
[321] Gebhardt, Case studies, S. 47.
[322] Vgl. aktuelle Gesetzestexte.

Interessant ist die Meinung chinesischer Juristen zu § 8 der AGZ, der den Anwendungsbereich des Gesetzes auf Ausländer erweitert. Sie werden grundsätzlich gleich behandelt wie Chinesen, der Nachsatz „soweit das Gesetz nichts anderes bestimmt" wird aber als Gewähr der Möglichkeit zur Diskriminierung von Ausländern ausgelegt, sofern in der Rechtsordnung ihres Herkunftslandes Chinesen diskriminiert werden oder in ihren Rechten beschränkt sind.[323] Dies kann in solchen Fällen in Einschränkungen der Vertragsfreiheit in China münden.

Im BGB ist die Trennung zwischen Verpflichtungs- und Verfügungsgeschäft wesentlich bei dinglichen Rechten (Trennungsprinzip). So kann Eigentum nicht durch einen Vertrag übergehen. Zusätzlich zu einem schuldrechtlichen Übereinkommen (meist Kaufvertrag) ist nach § 929 BGB (für bewegliche Sachen) eine Übergabe der Sache und die Einigung über den Eigentumsübergang notwendig. Bei Grundstücken (sie umfassen gemäß § 94 Abs. 1 BGB die mit ihnen verbundenen Gebäude) muss eine notariell beaufsichtigte Auflassung und die Eintragung ins Grundbuch (§§ 873 Abs. 1, 925 BGB) stattfinden. Es gibt also keine Freiheit, durch Verträge dingliche Rechte zu schaffen. Zur weiteren Gewähr der Rechtssicherheit herrscht im Sachenrecht sowie im Familien- und Erbrecht Typenzwang. Man kann somit nur Rechte in der Form schaffen, wie sie im dortigen Numerus Clausus vorgesehen sind. Vertragsfreiheit besteht in diesen Büchern nur im Sinne der Abschlussfreiheit.[324] Die Wirksamkeit von Verpflichtungs- und Verfügungsgeschäft ist unabhängig voneinander zu beurteilen (Abstraktionsprinzip). Das Abstraktionsprinzip hat nach herrschender Meinung durch das Sachenrechtsgesetz von 2007 auch in China Einzug gehalten und muss somit bei Geschäften zum Eigentumsübergang beachtet werden. Statt der Normen der AGZ, welche dieses Prinzip nicht kennen, sind nun die Normen des neuen Sachenrechtsgesetzes anzuwenden.

Die AGZ enthalten das Prinzip des ordre public, wie es auch im deutschen Recht in Art. 6 EGBGB enthalten ist. § 150 AGZ normiert, dass ein Gericht das ausländische Recht, in das nach den Regeln des IPR verwiesen wurde, nicht anzuwenden hat, wenn bzw. soweit es gegen die chinesische öffentliche Ordnung verstößt. Insofern ist die Rechtswahlfreiheit beschränkt. Definiert als öffentliche Ordnung sind hier die

---

[323] Chen, Chinese Law Context and Transformation, S. 345 f.
[324] Prütting, Sachenrecht, S. 9.

Lebensgrundlage, Umweltbedingungen, Ordnung und Ziel des gesellschaftlichen Lebens, Moralnormen und die guten Sitten.[325]

Insgesamt kann festgestellt werden, dass dieses auch von den Chinesen mittlerweile als veraltetes Recht angesehene Gesetzbuch, trotz dem deutschen Allgemeinen Teil ähnlicher Terminologie und Struktur, durch frühere ideologische Einflüsse in materieller Hinsicht teils nennenswert vom BGB abweicht. Als auffällige Beschränkungen der Vertragsfreiheit waren vor allem auslegungsbedürftige Begriffe wie die gesellschaftlichen öffentlichen Interessen oder die Pflicht zur Beachtung von Verwaltungsvorschriften und Politnormen zu erkennen. Hier sehen die AGZ stärkere Eingriffe als das BGB vor. Die Beachtung von staatlichen Wirtschaftsplänen ist dagegen heute nicht mehr zwingend. Die AGZ sollten trotz ihrer Verwandtschaft zum deutschen Recht durch die Weiterentwicklung früherer, direkt das deutsche Recht rezipierenden Zivilrechtsentwürfe[326] und die Rezeption sowjetischen Rechts zumindest nicht ohne weiteres, wie von einigen Rechtswissenschaftlern vertreten, als „deutsches Recht" bezeichnet werden.

C. Vertragsgesetz

Der bereits aus den AGZ bekannte Grundsatz der Gerechtigkeit hat auch im VG Niederschlag gefunden. § 5 VG fordert ein faires Verhältnis von Rechten und Pflichten innerhalb des Vertrags. Als allgemeiner Grundsatz ist diese Norm nicht an eine direkte Rechtsfolge gebunden. Als Tatbestandsmerkmal für ein Anfechtungsrecht der benachteiligten Partei aus § 54 VG erlangt der Gerechtigkeitsgrundsatz aber zusätzliche Bedeutung. Die allgemeinen Grundsätze des 1. Kapitels des VG dienen ansonsten als Auslegungshilfe für speziellere Normen und regeln somit, wie Verträge von den Parteien zu schließen und zu erfüllen sind. Nur wenn spezifische Normen fehlen, kann ein Gericht die allgemeinen Grundsätze des VG auch direkt anwenden.[327] Weitere Beschränkungen der Freiheit der Vertragsparteien ergeben sich durch folgende Grundsätze:

§§ 6, 42, 60 VG, Treu und Glauben: Ein solches Prinzip ist in China durch die konfuzianische Tradition „Treue zum Versprechen" seit langer Zeit in der Gesellschaft

---

[325] Xianyu, in: Ying, Verschulden bei Vertragsverhandlungen im chinesischen Recht, S. 47.
[326] Vgl. historische Entwicklung in dieser Arbeit.
[327] Ling, Contract law in China, S. 39.

verankert: Ehrlichkeit und Glaubwürdigkeit sollen bei der Erfüllung der Pflichten und der Ausübung der Rechte die zentrale Rolle spielen.[328] Der Grundsatz von Treu und Glauben, im modernen Recht aufbauend auf römischen Ursprüngen (bona fides) und auch schon aus den AGZ bekannt, erfasst neben der Art und Weise der Erfüllung eines Vertrags ebenso schon die Errichtung. Ein angemessener Interessenausgleich und Loyalität zwischen den Parteien und zwischen den Parteien und der Gesellschaft soll Basis für vertragliche Beziehungen sein. Es gibt auch im chinesischen Recht keine genaue Definition des Grundsatzes, so dass die Rechtsprechung und Lehre ihn mit weitem Auslegungsspielraum entwickeln und anwenden muss. Die als notwendig angesehene Loyalität gegenüber der Gesellschaft wird im chinesischen Recht aber wohl weitergehend ausgelegt, als im deutschen.[329] Respektiert werden sollen soziale und moralische Werte sowie Handelsbräuche, sofern sie gesellschaftlich akzeptiert sind und ihre Anwendung auf den spezifischen Fall gerecht und vernünftig erscheint.[330] Einige chinesische Gelehrte haben folgende inhaltliche Aspekte zum Begriff von Treu und Glauben bei Verträgen entwickelt, in denen vor allem die Kooperation zwischen den Parteien zum Ausdruck kommt: a) Während der Verhandlungen haben die Parteien die Pflicht, miteinander ehrlich umzugehen. Sie sollen in ihrem Bemühen den Vertrag zu schließen zusammenarbeiten. b) Nach dem Vertragsschluss sollen sie alle nötigen Schritte unternehmen um sich auf die Erfüllung des Vertrages vorzubereiten. c) Bei der Erfüllung des Vertrags sollen beide treu ihre vertraglichen Pflichten erfüllen, einschließlich Unterstützung und Mitteilung sofern sie zur Erfüllung notwendig sind. d) Nach der Erfüllung des Vertrages können die Parteien die Pflicht haben, die Geschäftsgeheimnisse, die sie voneinander erfahren haben, nicht zu veröffentlichen und e), wenn ein Disput aus den vertraglichen Regelungen entsteht, sollen sie diese gerecht und vernünftig interpretieren, so dass der gegenseitige Nutzen des Vertrags respektiert wird.[331] Treu und Glauben ist vielleicht der wesentlichste Grundsatz des chinesischen Vertragsrechts neben der Vertragsfreiheit, er beschränkt diese zum Schutz der Gerechtigkeit innerhalb des Rechtsverkehrs. Es besteht wohl noch keine umfassende Einigkeit der Lehre und Rechtsprechung über

---

[328] Zhang, Chinese Contract Law. Theory and Practice, S. 76.
[329] Wang, Rechtsvergleichende Untersuchung AGZ BGB, S. 63.; Ling, Contract law in China, S. 53.
[330] Ling, Contract law in China, S. 50 ff.
[331] Zhang, Chinese Contract Law. Theory and Practice S. 77; Nebenpflichten aus Treu und Glauben auch in Ling, Contract law in China, S. 231 ff.

die genaue Bedeutung des Grundsatzes.[332] Dies entspricht aber der Intention des chinesischen Gesetzgebers, den Gerichten sowohl bei Treu und Glauben, als auch bei einigen anderen unbestimmten Rechtsbegriffen einen umfassenden Auslegungsspielraum zu geben, mit Hilfe dessen sie Einzelfälle beurteilen sollen. Zumindest werden Pflichten wie die gegenseitige Unterstützung, ausreichende Information der anderen Vertragspartei über die Kernpunkte des Vertrages und die Geheimhaltung bei der Ausübung von Verträgen unzweifelhaft auf diesen Grundsatz zurückgeführt.[333] Treu und Glauben soll heute nicht nur Leitfaden für die Anwendung des gesamten VG sein, sondern fundamentales Prinzip des Zivilrechts oder gar der Rechtsordnung insgesamt sein.[334] § 42 VG bestimmt einen Anspruch auf Schadensersatz für die Partei, die durch verwerfliche Absichten, Unterdrückung wichtiger Tatsachen oder sonstiger gegen Treu und Glauben verstoßender Verhaltensweisen der anderen Partei bei der Vertragserrichtung geschädigt wird. § 60 VG verpflichtet die Parteien neben der Pflicht zur Beachtung von Treu und Glauben, die selbst festgelegten Pflichten des Vertrages und Nebenpflichten gemäß dem Wesen und Zweck des Vertrages sowie Geschäftsgepflogenheiten zu erfüllen.[335] Im deutschen Recht spielt der Grundsatz von Treu und Glauben ebenfalls eine fundamentale Rolle. Er ist definiert in der Generalnorm des § 242 BGB im Allgemeinen Teil des Schuldrechts: *„Der Schuldner ist verpflichtet, die Leistung so zu bewirken, wie Treu und Glauben mit Rücksicht auf die Verkehrssitte es erfordern."* Nach dem Wortsinn ist Treu und Glauben als die Treue gegenüber den Verpflichtungen gegenüber der anderen Vertragspartei anzusehen. Man soll zu seinem gegebenen Wort in Form der Verpflichtung aus dem Schuldverhältnis stehen, und entsprechend dem Vertragspartner ebenfalls insoweit vertrauen können. Seinen „Glauben" an das eigene Wort darf man nicht enttäuschen oder missbrauchen, sondern hat sich so zu verhalten, wie man es von einem redlich Denkenden erwarten kann. Die genauen Inhalte dieses Prinzips wurden in der Rechtsprechung seit 1900 immer weiter entwickelt. Sie muss § 242 BGB durch die Anwendung außerrechtlicher sozialer Gebote und Maßstäbe („Verkehrssitte") im Einzelfall konkretisieren (Konkretisierungsfunktion). Dabei sind

---

[332] Zhou, Inneres System des deutschen Privatrechts in der VR, S. 137 ff.
[333] Shao, Performance of contracts under the contract law of P.R. of China, in: Comparative analysis, S. 115; Potter, The Chinese legal system. Globalization and local legal culture, S. 47.
[334] Ling, Contract law in China, S. 50; Shen, Die sozialistische Marktwirtschaft und das chinesische Vertragsrecht, in: Zivil- und Wirtschaftsrecht im europäischen und globalen Kontext, S. 136.
[335] Zur Auslegungspraxis der Gerichte siehe auch S. 96 f. dieser Arbeit.

allgemein geltende Anforderungen der Gerechtigkeit, die Wertungen der Interessen der Beteiligten und die Verknüpfung des Einzelfalls mit allgemeinen Rechtsgedanken erforderlich.[336] Die Rechtsausübung entgegen dieses Gerechtigkeitsgrundsatzes ist verboten. § 242 BGB ist heute als Quelle für die Definition von Pflichten anerkannt, auch wenn sie nicht ausdrücklich im Vertrag oder in Rechtsnormen genannt sind. Um Verträge nach Treu und Glauben auszuführen, Leistungen nach Treu und Glauben zu bewirken, ist also neben der dem Grundsatz entsprechenden Erfüllung der Hauptleistungspflicht die Erfüllung von zusätzlichen Nebenpflichten (über die in § 241 Abs. 2 BGB normierten hinaus) notwendig. Die deutsche Rechtsprechung kennt leistungssichernde Nebenpflichten, Mitwirkungspflichten, Schutzpflichten, Aufklärungspflichten und Auskunftspflichten. Zudem werden bestehende vertragliche Pflichten durch die Anwendung von Treu und Glauben konkretisiert. Die deutsche Rechtsprechung interpretiert den Grundsatz von Treu und Glauben damit, vielleicht abgesehen vom gesellschaftlichen Aspekt, wohl noch weiter als die chinesischen Richter. Treu und Glauben wird als das „Billigkeitsprinzip, das dem Privatrecht in Gänze zu Grunde liegt" angesehen.[337] Der Grundsatz ist darüber hinaus sogar eine allen subjektiven Rechten, Rechtsinstituten und Rechtsnormen immanente Inhaltsbegrenzung.[338] § 242 BGB dient somit als indirektes Einfalltor für das Verfassungsrecht. Verträge müssen grundsätzlich verfassungskonform interpretiert werden.[339] Der Grundsatz von Treu und Glauben gilt also heute weit über das Schuldrecht hinaus und wird dann einschlägig, wenn die gesetzlichen Vorschriften einen im vorliegenden Einzelfall bestehenden Interessenkonflikt nicht hinreichend zu erfassen vermögen und ihre Anwendung ein für einen der Beteiligten unzumutbar unbilliges Ergebnis zur Folge haben würde. Er wird als „Ermächtigungsgrundlage" für außergesetzliche Neubildung von Rechtssätzen anerkannt.[340] § 157 BGB geht bei Fragen der Vertragsauslegung dem allgemeinen Grundsatz von Treu und Glauben vor. Im Unterschied zum chinesischen Recht ist die Verkehrssitte ausdrücklich erwähnt. Allerdings nennt zumindest § 60 VG die Geschäftsgepflogenheiten. Kurz sollen in diesem Zusammenhang weitere wichtige Normen zur Definition der Leistung genannt wer-

---

[336] Zhou, Inneres System des deutschen Privatrechts in der VR, S. 111 ff.
[337] Gebhardt, Introduction to the German civil code, in: Comparative analysis, S. 10.
[338] BGHZ 30, 145; Zhou, Inneres System des deutschen Privatrechts in der VR, S. 123.
[339] Julius, Comments on Chinese regulations on the performance of contracts, in: Comparative analysis, S. 124.
[340] BGHZ 68, 299, 304; Zhou, Inneres System des deutschen Privatrechts in der VR, S. 115; ausführlich Roth, in: MüKo zum BGB, Band 2a, § 242 RN 1 ff.

den. § 243 BGB legt fest, dass bei Gattungsschulden Ware mittlerer Art und Güte zu liefern ist. Der Schuldner muss am richtigen Ort und zur vorgeschriebenen Zeit erfüllen. In beiden Rechtsordnungen ist die Zug-um-Zug-Erfüllung vorgesehen (§§ 67, 68 VG, §§ 273, 320 BGB). Im chinesischen Recht ist § 62 VG (§ 154 VG bei Kaufverträgen) zu nennen. Dort sind subsidiär die Qualitätsanforderungen, die bei nicht klar bestimmten Leistungspflichten anzuwenden sind, normiert. Sie richten sich, sofern vorhanden, nach staatlichen oder gewerblichen Qualitätsstandards oder ansonsten nach „dem üblichen Standard" oder „dem Vertragszweck entsprechenden spezifischen Inhalt". Hier finden sich des Weiteren Regelungen für Erfüllungsort, Preis, Frist, Art der Erfüllung im Allgemeinen und Übernahme der Erfüllungskosten, sofern sie nicht im Vertrag definiert sind. Aus deutscher Sicht ungewöhnlich ist die Nennung von Marktpreisen und der Beachtung von staatlichen Fest- oder Leitpreisen in § 62 Abs. 2. VG. Auch die Beachtung staatlicher Qualitätsstandards spielt zur Leistungsdefinition im deutschen Vertragsrecht keine Rolle. Grundsätzlich sind Verträge im chinesischen Recht auch ohne exakte Festlegungen dieser Inhalte wirksam. § 61 VG normiert ausdrücklich, dass sich die Parteien noch nach Vertragsschluss über diese Inhalte einigen können, ansonsten wird die Auslegung nach § 62 vorgenommen. Verträge sind aber nur wirksam, wenn ihre Inhalte ausreichend bestimmt oder bestimmbar sind.[341]

§§ 4, 7, 52 Abs. 5 VG, Verbot der Gesetzwidrigkeit: Die Parteien dürfen rechtmäßig Verträge schließen, somit ist der Schluss von Verträgen, die gegen andere gesetzliche Vorschriften verstoßen, nicht erlaubt. Verstoßen die Inhalte eines Vertrags gegen zwingende Vorschriften des Rechts, so ist der Vertrag nichtig. Dies umfasst gemäß § 7 VG auch Verwaltungsverordnungen. Die limitierenden Normen müssen sich nicht im VG befinden.[342] Nach einer Interpretation des Supreme Court von 1999 sind regionale Gesetze und Verordnungen nicht (mehr) zur Beurteilung der Legalität heranzuziehen, was aufgrund der regional stark abweichenden Regelungen eine enorme Steigerung der Rechtssicherheit bedeutet. Die Einhaltung der Politnormen („state policies") des Staates, wie sie in § 6 der AGZ genannt ist, ist an dieser Stelle des VG nicht mehr aufgenommen worden. Ausländische Investoren hatten diesbezüglich große Bedenken, da sie die Politik als ungewiss und unvorhersehbar ansa-

---

[341] Julius, Comments on Chinese regulations on the performance of contracts, in: Comparative analysis, S. 133 f.
[342] Zhang, Chinese Contract Law. Theory and Practice, S. 61.

hen.[343] Besonders wurden Schwierigkeiten erwartet, wenn Gesetze und die Politnormen sich widersprechen.[344] Diese Unsicherheit wird im neuen § 7 VG vermieden. Die Verfassung, die in § 7 VG und zusätzlich § 52 Abs. 5 VG genannten Verwaltungsverordnungen, alle rechtmäßig zustande gekommenen Gesetze sowie ihre Interpretationen sind aber zweifelsfrei geeignet, die Vertragsfreiheit gemäß § 4 VG einzuschränken.[345] Als zwingend anzusehen sind dabei mindestens Vorschriften über die Wirksamkeit von Verträgen, über die Macht staatlicher Behörden, zum Schutz der Interessen Dritter oder grundlegende Normen wie die Rechtswahlfreiheit aus § 126 VG.[346] Die geforderte Rechtmäßigkeit umfasst die Inhalte, den Zweck als auch die Form des Vertrags.[347] Das gleiche Prinzip ist im deutschen Recht in § 134 BGB normiert. Hier bedarf es der Auslegung der Verbotsgesetze, da festgestellt werden muss, ob die gesetzlichen Normen die Unwirksamkeit des Vertrags „fordern" oder nicht.[348]

§§ 7, 52 Abs. 4, Verbot der Schädigung gesellschaftlicher öffentlicher Interessen („public interest"): Die Schädigung gesellschaftlicher öffentlicher Interessen führt zur Nichtigkeit eines Vertrags. Der Begriff ist im Gesetz nicht definiert und wird umfassend als soziale Moral/gute Sitten und öffentliche Ordnung interpretiert[349] und ähnelt den Guten Sitten aus § 138 BGB. Problematisch erscheint, dass wohl auch überregionale und regionale „Gebräuche" als Teil des öffentlichen Interesses anerkannt sind. Insgesamt ist hier der „ordre public" der VR China zu respektieren. Hier ergibt sich wiederum ein weiter Auslegungsspielraum der Gerichte und somit mangelnde Rechtssicherheit für die Vertragsparteien.[350] Zhang erwähnt in seinem Buch die Kategorien von Professor Liang Hui Xing von der Chinese Academy of Social Science, welcher folgende Fallgruppen als Verstoß gegen gesellschaftliche öffentliche Interessen aufgestellt hat: Schädigung des nationalen Interesses, Störung familiärer Beziehungen, Verletzung der sexuellen Moral, Verletzung der Menschenrechte bzw. Menschenwürde, Beeinträchtigung wirtschaftlicher Aktivitäten, unlauterer Wettbewerb, illegales Glücksspiel, Beeinträchtigung von Verbraucherinteressen, Verletzung

---

[343] Zhang, Chinese Contract Law. Theory and Practice, S. 61.
[344] Ders., S. 82.
[345] Walcher, Das VG der VR - Kaufverträge zwischen Unternehmen, S. 5 ff.
[346] Ling, Contract law in China, S. 57.
[347] Zhang, Chinese Contract Law. Theory and Practice, S. 81.
[348] Ellenberger, in: Palandt Bürgerliches Gesetzbuch, § 134 Rn. 6 f.
[349] Zhang, Chinese Contract Law. Theory and Practice, S. 82; Chi 47
[350] Walcher, Das VG der VR - Kaufverträge zwischen Unternehmen, S. 8 ff.

des Arbeitsschutzes und Wucher.[351] Solche Theorien mögen die Anschaulichkeit des ansonsten recht konturlosen Begriffs erhöhen. Sie ändern aber nichts am weiten Auslegungsspielraum der Gerichte und der damit einhergehenden Gefahr willkürlicher Entscheidungen oder staatlicher Einflussnahme. Durch den engen Zusammenhang zwischen Staat und Politik in der VR muss davon ausgegangen werden, dass auch politische Ansichten der KP an dieser Stelle weiterhin eine Rolle spielen können. So können Politnormen auch ohne ausdrückliche Legitimation durch das Gesetz indirekt über den Begriff der gesellschaftlichen öffentlichen Interessen noch die Rechtmäßigkeit von Verträgen mitbestimmen. Ling fordert speziell bei diesem Grundsatz eine sehr zurückhaltende Anwendung auf echte Fälle, um keine Instabilität von Verträgen durch diese vage Klausel aufkommen zu lassen.[352]

§ 7 VG: Für das Verbot der Sittenwidrigkeit (Pflicht zur Einhaltung der sozialen Ethik) und das Verbot der Störung der sozialen Wirtschaftsordnung ebenfalls aus § 7 VG gilt ebenso: Die Begriffe sind weder in den AGZ, noch im VG definiert. Die soziale Ethik wird oft gemeinsam mit dem Begriff der sozialen Ordnung verwendet und gibt Richtern ein Ermessen, um die moralischen Standards und Lauterkeit von Rechtsgeschäften zu beurteilen.[353] Der Verstoß gegen die soziale Ethik und die Störung der sozialen Wirtschaftsordnung ist nicht ausdrücklich als Nichtigkeitsgrund in § 52 VG genannt. Anzunehmen ist aber, dass ein Verstoß gegen die soziale Ethik oder eine Störung der Wirtschaftsordnung in aller Regel ebenso eine Schädigung der gesellschaftlichen öffentlichen Interessen darstellt und somit nach § 52 Abs. 4 VG zur Nichtigkeit führt. Abzugrenzen zu Treu und Glauben sind diese unbestimmten Rechtsbegriffe durch ihre Ausrichtung auf äußere, gesellschaftliche Elemente, während Treu und Glauben zum großen Teil das Verhältnis zwischen den Vertragsparteien betrachtet. Im deutschen Recht sind die Guten Sitten in § 138 BGB genannt, der zusammen mit dem genannten § 242 BGB vor allem für die Rechtsprechung von entscheidender Bedeutung und stark auslegungsbedürftig ist.[354] Rechtsgeschäfte, die gegen die Guten Sitten verstoßen, somit die Grenzen der Rechts- und Sittenordnung überschritten haben, sind nichtig, dabei kommt es nicht auf den Typ des Rechtsge-

---

[351] Zhang, Chinese Contract Law. Theory and Practice, S. 82 ff.
[352] Ders., S. 171.
[353] Ders., S. 62.
[354] Gebhardt, Introduction to the German civil code, in: Comparative analysis, S. 11.

schäfts an.[355] Anerkannte Formel für die Guten Sitten ist „das Anstandsgefühl aller billig und gerecht Denkenden".[356] Rechtsgeschäfte, die eine Partei unter Ausnutzung einer Zwangslage deutlich benachteiligen (Wucher) sind aus Abs. 2 nichtig. Dies ist die einzige konkrete Quelle einer Nichtigkeit wegen Unverhältnismäßigkeit von Rechten und Pflichten. Im deutschen Recht kommt für den Begriff der Guten Sitten durch § 826 BGB eine deliktische Haftung ins Spiel, wenn beispielsweise durch bewusste, vorsätzliche Täuschung über vertragswesentliche Umstände der anderen Partei ein Schaden entsteht. Die Nichterfüllung von vertraglichen Pflichten führt nur ausnahmsweise zu einer Haftung aus § 826 BGB.[357]

§ 127 VG ist im Zusammenhang mit § 7 VG zu sehen. Die Norm berechtigt und bestimmt staatliche Behörden zur Überwachung von Verträgen. Sie sollen eingreifen, wenn ein rechtswidriges Verhalten dazu führt, dass durch einen Vertrag die staatlichen Interessen oder die gesellschaftlichen öffentlichen Interessen gefährdet werden. Ein Aspekt des staatlichen Interesses sind dabei Strafgesetze.[358] Im Gegensatz zu den Normen des früheren WVG beschränkt § 127 VG die Eingriffsmöglichkeiten der Behörden auf die genannten Fälle - Eingriffe in rechtmäßige Verträge sind nicht gestattet[359] - und unterwirft sie den in Gesetzen und Verordnungen festgelegten Zuständigkeitsbereichen. Ziel ist der Schutz der Wirtschaftsordnung und der sozialen Stabilität. Vertragsparteien können durch Geldstrafen oder den Verlust der Handelslizenz bestraft werden, wenn solch ein rechtswidriges Verhalten festgestellt wird. Problematisch erscheint, dass im VG keine Vorschrift die genaue Art oder den Umfang der Überwachung zwingend beschränkt.[360] § 127 VG beschränkt die staatliche Überwachung und Regelung aber zumindest auf die Verwaltungsbehörde für Industrie und Handel und andere zuständige Behörden innerhalb des genannten rechtlichen Rahmens.[361]

---

[355] Ajani, Regulations regarding the validity of contracts according to German law, in: Comparative analysis, S. 107; Palandt Bürgerliches Gesetzbuch, § 138 Rn. 2 ff.
[356] Kropholler, Bürgerliches Gesetzbuch, § 138, Rn. 1.
[357] Sprau, in: Palandt Bürgerliches Gesetzbuch, § 826 Rn. 19 f.
[358] Pengsheng, in: Ying, Verschulden bei Vertragsverhandlungen im chinesischen Recht, S. 43.
[359] Ling, Contract law in China, S. 49.
[360] Zhang, Chinese Contract Law. Theory and Practice, S. 63.
[361] Shi, Miscellaneous stipulations of the new Chinese contract law, in: Comparative analysis, S. 221.

Insgesamt sieht § 52 VG folgende Nichtigkeitsgründe vor:

a) Errichtung des Vertrags durch Täuschung oder Drohung und dadurch Verletzung der staatlichen Interessen,

b) Kollusion der Parteien die in verwerflicher Absicht die Interessen des Staates, eines Kollektivs oder eines Dritten schädigen,

c) Verschleierung illegaler Zwecke durch eine legale Form,

d) Schädigung der gesellschaftlichen öffentlichen Interessen,

e) Verletzung von zwingenden Bestimmungen oder Verwaltungsverordnungen

Täuschung und Drohung sind hier wie im deutschen Recht zu verstehen, als vorsätzliche Irrtumserregung und Ausübung von Druck durch Ankündigung eines Nachteils.[362] Kollusionen sind auch gegenüber dem Staat verboten. Nach § 59 VG muss das dadurch Erlangte zurückerstattet werden. Die Verschleierung illegaler Zwecke durch eine legale Form ist für Fälle der Verschleierung des Verstoßes gegen Verbote durch die Wahl eines legalen Mittels gedacht. Eine illegale Transaktion ist trotz des „Versteckens" in legaler Form folglich nichtig.[363]

Das VG gibt den Parteien im Rahmen ihrer Privatautonomie grundsätzlich einen großen Spielraum zur vertraglichen Selbstbestimmung. Dieses Prinzip fällt auch in § 54 VG auf. Diese Norm gibt Parteien, die aufgrund eines schwerwiegenden Irrtums oder Täuschung oder Drohung einen Vertrag abgeschlossen haben, oder in einem Vertragsverhältnis unter deutlicher Ungerechtigkeit leiden, ein Recht, bei einem Gericht die Aufhebung oder Änderung des Vertrags zu ersuchen. Hauptfälle sind die Nennung falscher Fakten, die Glaubhaftmachung falscher Fakten durch äußere Umstände und arglistiges Verschweigen.[364] § 54 VG erklärt solche Verträge allerdings nicht für nichtig, sodass sie, wenn dies im Interesse beider Parteien liegt, auch wirksam bleiben können. Die unterlegene Partei soll selbst bestimmen können, was mit dem Vertrag geschieht.[365] (Bei dem Ersuchen des Gerichts um Änderung des Vertrages kann es den Vertrag nur ändern, nicht aufheben, bei einem Aufhebungsverlangen entscheidet das Gericht frei zwischen beiden Alternativen.) Diese Argumentation ist teilweise umstritten, da auch der Wille einer Partei an der Wirksamkeit des Vertrages festzuhalten von ihrem Vertragspartner (mit den genannten rechtswid-

---

[362] Ying, Verschulden bei Vertragsverhandlungen im chinesischen Recht, S. 43 ff.
[363] Ling, Contract law in China, 168 ff.
[364] Gebhardt, Case studies, S. 64 ff.
[365] Zhang, Chinese Contract Law. Theory and Practice, S. 144.

rigen Mitteln) beeinflusst sein kann.[366] Eine gesetzlich vorgeschriebene Nichtigkeit kommt erst durch den genannten § 52 Abs. 1 VG in Betracht: Werden auch staatliche Interessen geschädigt, so ist der Vertrag nichtig.[367] Die Grenze der Freiheit der Parteien liegt also in den Interessen Dritter oder der öffentlichen Ordnung. Im deutschen Recht existiert ein Anfechtungsrecht wegen Täuschung oder Drohung aus § 123 BGB. Die Anfechtung richtet sich dabei gegen die Willenserklärung, zu deren Äußerungen eine Vertragspartei durch widerrechtliche Drohung oder arglistige Täuschung gebracht wurde. Der Erklärende muss demnach die Kausalität zwischen dem Verhalten der Gegenpartei und seiner Äußerung beweisen. Das Recht, aufgrund eines Irrtums anzufechten, ist im deutschen Recht ebenfalls anerkannt. Willenserklärungen, welche auf einem Irrtum beruhen, sollen durch den Erklärenden wieder aus der Welt geschafft werden können.[368] Die Irrtumsanfechtung ist in § 119 BGB geregelt und die einschlägigen Arten des Irrtums durch die Rechtsprechung im Detail definiert. Anfechtbar sind Erklärungen auf Basis eines Erklärungs-, Eigenschafts-, und Inhaltsirrtums und Willenserklärungen, die falsch übermittelt wurden (§§ 119 f. BGB), nicht jedoch reine Motivirrtümer. Es sind somit nur Irrtümer bei der Willensbetätigung, nicht jedoch bei der Willensbildung relevant. Der in § 54 Abs. 2 VG als Anfechtungsgrund genannte Begriff deutliche Ungerechtigkeit wurde durch den Supreme Court zu § 4 AGZ definiert und stimmt nahezu mit der deutschen Definition des § 138 BGB überein: „Als deutlich ungerechte Zivilhandlung in diesem Sinne wird eine Zivilhandlung angesehen, wenn eine Partei ihre Übermacht oder die mangelnde Erfahrung der anderen Partei ausnutzt, um zu erreichen, dass die Rechte und Pflichten beider Parteien deutlich gegen die Grundsätze der Gerechtigkeit und der der wertmäßigen Entgeltlichkeit verstoßen".[369] Für das Aufhebungs- oder Abänderungsbegehr gilt im chinesischen Vertragsrecht nach § 55 VG eine Jahresfrist nach Kenntniserlangung des Aufhebungsgrundes. Dies ist im BGB durch § 124 bei Täuschung und Drohung ebenso geregelt. Eine Irrtumsanfechtung ist dagegen nach § 121 BGB nur unverzüglich nach Kenntniserlangung des Anfechtungsgrunds möglich. Die Wirkung der Anfechtung ist Nichtigkeit gemäß § 142 BGB. Im chinesischen Recht ist die Anfechtung ausgeschlossen, wenn die Partei nach Kenntniserlangung des Anfechtungs-

---

[366] Zhang, Verbraucherschützendes Widerrufsrecht, S: 220 f.
[367] Zhang, Chinese Contract Law. Theory and Practice, S. 167 f.; Ying, Verschulden bei Vertragsverhandlungen im chinesischen Recht, S. 43.
[368] Zhang, Verbraucherschützendes Widerrufsrecht, S. 98 ff.
[369] Gebhardt, Case studies, S. 64.

rechts auf dieses Recht verzichtet.[370] § 54 VG widerspricht § 58 AGZ, der in den genannten Fällen der Täuschung und Drohung statt der Anfechtbarkeit die Nichtigkeit vorschreibt. Seit Inkrafttreten des VG ist also die Anfechtbarkeit gültige Rechtsfolge.

Nichtigkeit schreibt das VG zudem nach § 53 für Klauseln vor, die einen Haftungsausschluss für körperliche Verletzungen der anderen Partei oder Vermögensverluste durch Vorsatz oder Fahrlässigkeit der anderen Partei vorsehen. Der Rest des Vertrages bleibt bestehen, da das VG aus § 56 eine Teilnichtigkeit kennt. § 56 VG betont zudem, dass unwirksame oder aufgehobene Verträge von Anfang an keine rechtliche Bindungswirkung haben. Nach § 57 VG beeinträchtigt dies aber nicht die Klauseln des Vertrages, welche die Methode der Streitbeilegung enthalten. § 58 VG sieht die Rückerstattung der durch unwirksamen Vertrag erlangten Vermögensgegenstände vor, subsidiär dazu Geldersatz. Schadenersatz ist zu bezahlen, wenn Verschulden einer Partei vorliegt. Diese Norm entspricht § 61 AGZ, von der Abs. 2 über die böswillige Kollusion wegen der Regelung dieses Sachverhalts im VG für Verträge ebenfalls nicht mehr anwendbar ist. [371]

Das VG setzt der Vertragsfreiheit durch die genannten Nichtigkeits- und Anfechtungsgründe ähnliche Schranken wie das deutsche Recht. Teilweise wird gerade durch die genannten Regelungen aber ebenso die Privatautonomie geschützt, da beispielsweise ein durch Täuschung oder aufgrund eines Irrtums zu Stande gekommener Vertrag nicht dem wirklichen Willen der Partei entspricht und somit gerade zum Schutz ihres Willens nicht bestehen bleiben soll.

§ 44 Abs. 2 VG normiert, dass im Gegensatz zur üblichen sofortigen Wirksamkeit von Verträgen gem. Abs. 1 Registrierungs-, Genehmigungs- oder ähnliche Erfordernisse aus anderen Gesetzen oder Verwaltungsvorschriften einzuhalten sind, um die Wirksamkeit der Verträge herbeizuführen. Eine Ausnahme bildet § 36 VG.[372]

Ein wesentliches Eingriffsrecht des Staates wurde in § 38 VG aufgenommen: Er kann auf Basis von Gesetzen und Verwaltungsverordnungen verbindliche Aufträge je nach seinem Wirtschaftsplan erteilen, die die Unternehmen, wiederum durch Vertragsschlüsse mit anderen Firmen, zu erfüllen haben. Der Staat hat also weiterhin das

---

[370] Zhou, Provisions on validity of contracts in the contract law of China, in: Comparative analysis, S. 101.
[371] Gebhardt, Case studies, S. 49.
[372] Vgl. Eigene Arbeit, S. 53 f.

Recht, bei Bedarf relativ direkte Kontrolle in Form einer Art von Kontrahierungszwang über die Unternehmen auszuüben. Dies ist ein klarer Widerspruch zur Inhalts- und Abschlussfreiheit. Das VG sieht Verträge nicht mehr hauptsächlich als Mittel zur Umsetzung von Staatsplänen an. Staatspläne sind auch nicht mehr wie in der Ursprungsversion der AGZ unmittelbar bindend für private Unternehmen. Wie man an dieser Stelle sieht, ist die Planwirtschaft aber nicht vollständig aus dem chinesischen Vertragsrecht verschwunden. Vor allem für die Verteidigungsindustrie oder die eigene staatliche Reserve und große Bauprojekte soll so die Versorgung mit Gütern wie Öl, Gas oder Stahl sichergestellt werden.[373] Die Möglichkeit, welche § 38 VG gewährt, wird heute kaum noch genutzt. Staatliche Unternehmen sind aber mit gewissen Verhandlungsmöglichkeiten weiterhin an den Staatsplan gebunden.[374]

Das chinesische VG enthält in den §§ 39 ff. Regelungen zur Nutzung von „standard terms" oder „Formularklauseln". Als standard term gelten Klauseln, die für die wiederholte Verwendung in Verträgen formuliert und in Verträge aufgenommen werden, ohne mit der anderen Vertragspartei ausgehandelt worden zu sein.[375] Sie entsprechen den Allgemeinen Geschäftsbedingungen definiert in § 305 Abs. 1 BGB. Das deutsche Recht wurde, wie den Protokollen zur Erstellung des VG zu entnehmen ist, in diesem Bereich intensiv rezipiert. Daraus ergeben sich zentrale Gemeinsamkeiten: Beide Abschnitte zu AGBs sind vom Prinzip des Schutzes der tendenziell schwächeren Partei geprägt. Der AGB-Steller darf seine meist dominierende Rolle in der Vertragsgestaltung nicht ausnutzen, um zwingende gesetzliche Regelungen zu umgehen und die andere Vertragspartei zu benachteiligen. Beide Rechtsordnungen differenzieren zudem genau zwischen Voraussetzungen für die Einbeziehung und die Wirksamkeit der Klauseln. Ein bemerkenswerter Unterschied lässt sich in den weniger strengen Anforderungen an AGB-Steller in wirtschaftlichen Verträgen im deutschen Recht feststellen. Das chinesische VG unterscheidet dagegen nicht zwischen Verbraucher und Unternehmer.[376] In § 24 des Verbraucherschutzgesetzes ist allerdings eine, wenn auch recht allgemein formulierte, zusätzliche Norm für AGBs zwischen Unternehmer und Verbraucher aufgenommen worden. Sie schreibt bei-

---

[373] Ling, in: Walcher, Das VG der VR - Kaufverträge zwischen Unternehmen, S. 12.
[374] Ling, Contract law in China, S. 47.
[375] Yang, Conclusion of contracts according to Chinese law, in: Comparative analysis, S. 39.
[376] Gebhardt, Comments on the Chinese regulations regarding the conclusion of contracts, in: Comparative analysis, S. 57.

spielsweise vor, dass für den Verbraucher ungünstige oder unzumutbare Klauseln unwirksam sind.[377] Das chinesische Recht erscheint an dieser Stelle insgesamt etwas rudimentär. Das deutsche Recht enthält einen deutlich umfangreicheren und detaillierteren Katalog an unwirksamen Klauseln. Fraglich ist daher, ob das chinesische Recht an dieser Stelle die Anforderungen der modernen rechtlichen Realität zum Schutz der Gegenpartei vor ungerechten Klauseln tatsächlich erfüllen kann.[378]

Eine weitere Beschränkung der Vertragsfreiheit enthält § 126 Abs. 2 VG. Entgegen des Grundsatzes der freien Rechtswahl ist für Verträge über Equity Joint Ventures und Contractual Joint Ventures sowie Verträge zur chinesisch-ausländischen kooperativen Erforschung und Erschließung von natürlichen Ressourcen immer chinesisches Recht anzuwenden. Gleiches gilt aus einer Sondervorschrift für Unternehmen chinesischer Rechtsform die vollständig mit ausländischem Kapital errichtet wurden.[379]

Besondere Regelungen für insgesamt 15 Vertragstypen definiert der Besondere Teil des VG. Eine bedeutende Einschränkung der Vertragsfreiheit ergibt sich dabei aus Formvorschriften. Entgegen der grundsätzlichen Formfreiheit aus § 10 Abs. 1 VG ist unter anderem für folgende Vertragstypen die Schriftform vorgeschrieben: Darlehensvertrag (§ 197 VG), Mietvertrag ab einer Dauer von 6 Monaten (§ 215 VG), Finanzierungsleasing (§ 238 Abs. 2 VG), Bauvertrag (§§ 269 Abs. 1, 270 VG), Technologietransfervertrag (§ 342 Abs. 2 VG) und Technologieentwicklungsvertrag (§ 330 Abs. 3 VG). Aus § 10 Abs. 2 VG ergibt sich, dass Schriftform ebenso dann erforderlich ist, sobald sich die Parteien darauf geeinigt haben. Im deutschen Recht gilt gemäß einer entsprechenden Regelung in §§ 126 f. BGB ein Schriftformerfordernis bei zahlreichen Verträgen und einseitigen Rechtsgeschäften. Die Schriftform kann bei Verwendung einer elektronischen Signatur nach §§ 126a, 127 Abs. 3 BGB auch durch elektronischen Versand eingehalten werden. Neben dem Schriftformerfordernis gibt es die Pflicht zur notariellen Beglaubigung aus § 128 BGB, welche vor allem für unerfahrene Vertragsparteien eine noch höhere Schutzwirkung hat. Der Notar trägt durch das Vorlesen des Textes der Vereinbarung und einer weitergehenden Erklä-

---

[377] Zhou, Chinesisches Verbraucherschutzrecht, S. 150.
[378] So Gebhardt, Comments on the Chinese regulations regarding the conclusion of contracts, in: Comparative analysis, S. 60.
[379] Zhang, Chinese Contract Law Theory and Practice, S. 333.

rung und Information der Parteien dazu bei, eine Übereilung zu verhindern.[380] Notarielle Beurkundung ist im chinesischen Vertragsrecht in aller Regel nicht vorgesehen. Rechtsgeschäfte mit Formmangel sind gemäß § 125 BGB grundsätzlich nichtig.

Einige Vertragstypen setzen im chinesischen Recht zudem die Genehmigung durch staatliche Behörden voraus, bevor sie wirksam werden. Die betroffenen Vertragstypen sind in Sondergesetzen geregelt, zum Beispiel Joint-Venture-Verträge (Ausführungsbedingungen des Joint Venture Gesetzes) oder Verträge über die Einführung von Technologie (Regulations on Administration of Contract for Introduction of Technology). Eine feste Beschränkung der Vertragsarten, welche diesen Prüfungen unterliegen, gibt es im VG nicht, die Gesetzgebung oder auch Behörden können festlegen, welche Verträge genehmigt werden müssen.[381]

Eine Registrierungspflicht besteht zum Beispiel für Patentverträge gemäß Patentgesetz. Das Sicherheitengesetz erfordert die Registrierung von Hypothekengegenständen zur Wirksamkeit eines Hypothekenvertrags.[382] Eine behördliche Archivierung existiert ebenfalls, zum Beispiel bei Mietverträgen für Wohngebäude. Die Rechtsfolgen von fehlender Registrierung o.ä. sind nicht einheitlich.[383] Ein Gericht stellte hierzu fest, dass ein Formmangel nicht notwendigerweise zur Nichtigkeit führt, wenn die Berufung darauf gegen Treu und Glauben verstößt. Im vorliegenden Fall hatte nach Abschluss eines Kaufvertrags über eine Wohnung eine Partei bereits mehrere Monate in der Wohnung gelebt und der anderen den Kaufpreis gezahlt, obwohl der Vertrag ohne Registrierung den Formvorschriften widersprach. Das Gericht entschied, dass die Registrierung nachgeholt werden könne.[384] Nach § 87 VG kann auch für die Änderung von Verträgen oder die Übertragung von Rechten und Pflichten durch Gesetz oder Verordnung eine Genehmigung, Registrierung oder sonstige Formalität notwendig sein.

---

[380] Gebhardt, Regulations regarding the conclusion of contracts according to German law, in: Comparative analysis, S. 49.
[381] Zhang, Chinese Contract Law Theory and Practice, S. 120.
[382] Ying, Verschulden bei Vertragsverhandlungen im chinesischen Recht, S. 49.
[383] Ling, Contract law in China, S. 100 f.
[384] Fall 64 Manshi juan, in: Ying, Verschulden bei Vertragsverhandlungen im chinesischen Recht, S. 50.

Bestimmte Vertragstypen im chinesischen Recht kommen nicht durch Einigung, sondern erst mit der Übergabe des Vertragsobjekts zu Stande. Dies gilt gemäß § 367 VG zum Beispiel für den Verwahrungsvertrag.

Einige weitere uns eher fremde oder besonders bedeutsame Vorschriften zu bestimmten Vertragstypen aus dem VG sollen kurz erläutert werden. Das Kaufrecht soll nach nur Sachen und keine Rechte umfassen.[385] Kaufgegenstände müssen nach § 132 VG im Eigentum oder zumindest unter dem Verfügungsrecht des Verkäufers stehen. Der Verkäufer haftet für Rechtsmängel (§§ 150 ff. VG) und über die allgemeinen Rechtsbehelfe aus §§ 111 ff. VG für Sachmängel. Ein Eigentumsvorbehalt ist nach § 134 VG möglich.

Mietverträge dürfen gemäß § 214 VG nur auf 20 Jahre geschlossen werden, können danach nochmals für 20 Jahre geschlossen werden. Eine genau definierte Kündigungsfrist fehlt, Vermieter und Mieter können bei unbestimmter Mietdauer jederzeit kündigen, der Vermieter muss dem Mieter nur mit angemessener Frist vor dem Ende der Mietzeit Bescheid geben (§ 232 VG).

Die Schenkung aus §§ 185 ff. VG bleibt aufhebbar bis zur Übertragung der Rechte an dem geschenkten Gut (§ 186 VG). Dies gilt aber gemäß § 188 VG nicht für eine Schenkung an gemeinnützige Organisationen. Eine Schenkung darf gemäß § 190 VG von Verpflichtungen der anderen Partei abhängig gemacht werden. Bei grobem Undank (§ 192 VG) oder beträchtlicher Verschlechterung eigener wirtschaftlicher Verhältnisse und schwerwiegender Beeinträchtigung der eigenen Lebensumstände (§ 195 VG) kann die Erfüllung abgelehnt werden.

Für das Darlehensrecht in §§ 196 ff. VG ist davon auszugehen, dass nur Gelddarlehen einschlägig sind.[386] Hier ist die Zahlung von Zinsen nach § 205 Abs. 1 VG vorgeschrieben. Sicherheiten für ein Darlehen werden gemäß § 198 VG im Sicherheitengesetz gesondert geregelt.

Teil des Werkvertrages aus § 251 VG ist auch der Werklieferungsvertrag. Der Bauvertrag aus Kapitel 16 ist dem Werkvertrag ähnlich, das Werk besteht in einer Bauleistung. Eine Abnahme der Bauleistung ist nach § 279 VG notwendig, während

---

[385] Scheil u.a., Vertragsgesetz der VR China. Übersetzung und Einführung, S. 24.
[386] Dies., S. 26.

der Werkvertrag eine solche Abnahme nicht vorsieht. Die Vergütung wird mit der Übergabe des Werks fällig.

§§ 293 ff. VG enthalten Vorschriften zum Personentransportvertrag. Eine Besonderheit ist hier, dass der Vertrag mit der Übergabe des Fahrscheins zu Stande kommt. Der Abschnitt enthält auch Pflichten des Transporteurs, so muss er nach § 301 VG sein Möglichstes tun, um erkrankten, gebährenden oder in Gefahr geratenen Passagieren zu Hilfe zu kommen. Beim Gütertransportvertrag ist unter anderem eine Untersuchungspflicht seitens des Empfängers festgehalten, mit der er die Übergabe der Güter akzeptiert (§ 310 VG).

Für den Technologieimportvertrag enthält das VG keine spezifischen Regeln, so dass in § 355 VG auf Bestimmungen außerhalb des VG verwiesen wird. Beim Technologieentwicklungsvertrag ist der Grundgedanke die Zurverfügungstellung von Kapital, Daten und technischen Materialien seitens des Auftraggebers und die Erforschung einer Technologie durch den Auftragnehmer gemäß eines Forschungs- und Entwicklungsplans, § 332 VG. Dazu kommt der Technologietransfervertrag aus § 342 VG zur Übertragung von Patenten und sonstigen Technologien.

Insgesamt enthält das chinesische VG einzelne Beschränkungen der Vertragsfreiheit, welche uns aus dem BGB nicht bekannt sind. Besonders hervorzuheben sind Einflüsse der Planwirtschaft wie § 38 VG (die Pflicht, Verträge zu errichten, wenn der Staat verbindliche Bestellungen äußert) oder § 127 VG (die Pflicht staatlicher Behörden, Verträge zu überwachen und bei Rechtswidrigkeit einzugreifen). Der Hauptteil der beschränkenden Vorschriften – hier sind zum Beispiel der Grundsatz von Treu und Glauben oder das Verbot, gegen Gesetze zu verstoßen sowie Formerfordernisse für einige Vertragstypen herauszustellen - ist in gleicher oder sehr ähnlicher Ausgestaltung aber ebenso im BGB zu finden. Wir finden damit im chinesischen VG die Normierung einer umfassenden Vertragsfreiheit und einer gerechten Risikoverteilung[387] zwischen den Vertragsparteien vor.

---

[387] Knieper, Einige Aspekte der Zivil- und Wirtschaftsrechtsreform, in: Newsletter der deutsch-chinesischen Juristenvereinigung e.V., S. 7.

D. Andere Gesetze

Einschränkungen der Vertragsfreiheit können sich zusätzlich durch Gesetze außerhalb der AGZ oder des VG ergeben. Sie kommen insbesondere dort in Betracht, wo das VG trotz umfassenden Anwendungsbereichs auf bestimmte Verträge nicht anzuwenden ist.

I. Convention of International Sale of Goods

Zu beachten ist die Anwendbarkeit des UN-Kaufrechts, CISG. Es ist Teil der nationalen Rechtsordnung der VR. Bei grenzüberschreitenden Kaufverträgen sind sowohl in China als auch in Deutschland die Regelungen dieses Übereinkommens zu beachten, sofern der Vertragspartner seine Niederlassung in einem Land hat, das ebenfalls das CISG in Kraft gesetzt hat oder die Regeln des IPR in das Recht eines solches Landes verweisen - es sei denn, die Anwendung des CISG wurde von den Parteien vertraglich ausgeschlossen. Die Normen des CISG sind anstelle des VG anzuwenden. Das CISG gilt allerdings nicht für Verträge über Warenverkäufe zum persönlichen Gebrauch (Art. 2 lit. a CISG), was zur zentralen Bedeutung des VG für ausländische Unternehmen, welche in China Konsumgüter absetzen möchten, beiträgt. Gewählt werden können andere Gesetze wie die UNIDROIT-„Grundregeln für Internationale Handelsverträge".

II. Verwaltungsrecht

Verträge mit hoheitlichem Zweck sind in China nicht durch das VG erfasst. Sie werden durch verwaltungsrechtliche Vorschriften geregelt. Im deutschen Recht definiert das Verwaltungsverfahrensgesetz besondere Anforderungen für öffentlich-rechtliche Verträge, verweist aber im Übrigen auf die Normen des BGB.

III. Eigentum und Landnutzungsrechte (Sachenrecht)

Anerkannt ist, dass Regelungen für den Eigentumsübergang und andere sachenrechtliche Normen dem neuen Sachenrechtsgesetz zu entnehmen sind. Verträge über dingliche Rechte sind aber vom Anwendungsbereich des VG erfasst.[388] Daneben wurde in China lange diskutiert, ob Verträge über Landnutzungsrechte, beispielsweise der Verkauf dieser Rechte, unter den Anwendungsbereich des VG fallen. Besondere Bedeutung erlangt diese Frage dadurch, dass Private oder Unter-

---

[388] Ling, Contract law in China, S. 5

nehmen kein Eigentum an Grund und Boden haben können. Der Staat spricht allerdings Nutzungsrechte wie das Recht zur Bebauung aus, welche wiederum weitertransferiert werden können. Der Besitzer der Landnutzungsrechte ist dabei Eigentümer des auf dem Grundstück errichteten Gebäudes. Diese Geschäfte sind also zuerst abhängig von einer staatlichen Entscheidung, weshalb die Anwendbarkeit der zivilrechtlichen Vorschriften lange Zeit umstritten war. Die Anwendbarkeit wird aber seit einer Interpretation des Supreme Court von 2003 wohl akzeptiert,[389] so dass sich unter Regelung durch Normen des VG auch ohne privates Eigentum eine Art Grundstücksmarkt entwickeln konnte.

IV. Familien- und Erbrecht
In China hat sich die Meinung verfestigt, dass trotz des weiten Anwendungsbereichs des VG die wichtigsten Übereinkommen im familiären Bereich nicht vom VG erfasst sind. Dazu gehört, hier exemplarisch dargestellt, der Eheschluss. Er gilt aus historischen Gründen in China nicht als Vertragsschluss. Begründet wird dies mit der Zielsetzung des VG, welches in erster Linie Verträge, die mit Eigentum oder wirtschaftlichen Beziehungen zusammenhängen, regeln soll. Dies sollen Verträge ohne familiäre Bindungen der Parteien sein.[390] Bei Instituten wie der Vormundschaft oder der Adoption ist zudem keine Gleichheit der Parteien, wie sie als Grundprinzip des VG festgelegt ist, gegeben. Der Eheschluss ist im Ehegesetz geregelt. Das Gesetz enthält einige uns unbekannte Beschränkungen. So darf eine Ehe erst ab einem Alter von 22 (Männer) bzw. 20 (Frauen) geschlossen werden (§ 6). Eheschließungen von Personen mit schweren Krankheiten oder zwischen Verwandten in einer weiten Definition etc. sind unwirksam (§ 10). Das Gesetz definiert zahlreiche Pflichten für die Ehe wie zum Beispiel die Pflicht, sich gegenseitig zu unterstützen (§ 20) oder die Pflicht der Eltern, ihre Kinder aufzuziehen und auszubilden (§ 21). Wenn diese Hauptpflichten des Ehelebens verletzt werden, müssen Alimente gezahlt werden. Im chinesischen Erbgesetz ist interessant, dass hier die Testierfreiheit aus § 5 ein wesentliches Merkmal darstellt. Dem Willen der Person wird auch in diesem einseitigen Rechtsgeschäft wie im deutschen Erbrecht umfassend Rechnung getragen. Liegt kein Testament vor, regelt das Gesetz die Erbfolge. Ehepartner, Kinder und Eltern

---

[389] Zhang, Chinese Contract Law Theory and Practice, S. 42 f.
[390] Ders., S. 40.

sind dabei Erben erster Ordnung und schließen die Erben der weiteren Stufen aus, § 10. Nach § 25 kann der Erbe wählen, ob er die Erbschaft annimmt.

In der VR bestehen darüber hinaus verschiedene Gesetzbücher, welche entsprechend dem Grundsatz aus § 123 VG, dass speziellere Regelungen anderer Gesetze vor den Regelungen des VG anzuwenden sind,[391] besondere Vorschriften für bestimmte Vertragstypen oder Anwendungsbereiche enthalten. Der Erlass von Sondergesetzen ist auch in der BRD eine übliche Vorgehensweise. Vor allem dort, wo Schwächere geschützt werden müssen und die ursprünglich sehr liberale Gestaltung des BGB diesen Schutz nicht bieten konnte, sind zahlreiche weitere Gesetze entstanden, beispielsweise im Arbeitsrecht oder Wettbewerbsrecht.[392] Genannt werden nun bedeutende chinesische Spezialgesetze und ihr beschränkender Einfluss.

V. Verbraucherschutz und Produkthaftung

Im Jahr 1993 wurde in der VR ein eigenes Gesetzbuch zum Schutz von Verbrauchern erlassen.[393] Es soll den Unternehmern gegenüber meist intellektuell und wirtschaftlich unterlegenen Verbraucher schützen.[394] Das Verbraucherschutzgesetz gilt bei Warenkäufen oder dem Erwerb von Dienstleistungen des täglichen Bedarfs durch Verbraucher (§ 2) sowie für den Kauf von Produktionsmitteln, die direkt in der Landwirtschaft genutzt werden. Bedeutsam für den Umfang der Vertragsfreiheit ist das Gesetz insofern, als dass es unabdingbare Rechte des Verbrauchers festlegt, z.B. Schadenersatzansprüche bei Verletzung der Gesundheit oder des Eigentums durch Kauf oder Nutzung von Ware oder Dienstleistung (§ 11). Es enthält zudem Pflichten für Unternehmer wie Informationspflichten, Garantie der versprochenen Qualität usw., normiert gleichzeitig die Pflichten des Staates, rechtswidrige Handlungen des Unternehmers zu verfolgen. Neben Schadenersatzansprüchen sieht das Gesetz für Pflichtverletzungen z.B. den Entzug der Handelslizenz oder Geldstrafen vor. Das Verbraucherschutzgesetz verweist zudem auf das Produktqualitätsgesetz für weitere Ansprüche. Dieses normiert weitere Pflichten der Produzenten und Absetzenden. Der Schutzbereich umfasst auch gewerbliche Abnehmer der Waren. Ziel des Gesetzes ist vor allem die Steigerung der Produktqualität und die klare Regelung von

---

[391] Shi, Miscellaneous stipulations of the new Chinese contract law, in Comparative analysis, S. 217.
[392] Zweigert/Kötz, Einführung in die Rechtsvergleichung, S. 148.
[393] Law of the People's Republic of China on Protection of Consumer Rights and Interests.
[394] Zhou, Chinesisches Verbraucherschutzrecht, S. 3.

Verbraucherrechten (§ 1). Das Gesetz fordert die Einhaltung von Qualitätsnormen und normiert ein Verbot von Produkten „*die der Staat auszuscheiden befohlen hat*" (§ 29). Der Absetzende haftet bei Abweichungen von der für den Gebrauch eines Produkts erforderlichen Funktion oder Qualität auf Reparatur, Austausch oder Rücknahme der Ware oder Schadenersatz, außer wenn der Mangel bewiesenermaßen erst nach Gefahrübergang aufgetreten ist. Ein Rückgriff auf den Produzenten der Ware ist wie im deutschen Recht vorgesehen. Die Definition des Mangels ist dabei § 3 des deutschen Produkthaftungsgesetzes entnommen.[395] Es ist kein Verschulden für die Mängelhaftung notwendig. Der Teil des Gesetzes über die Mängelhaftung ist weniger umfangreich, aber inhaltlich ähnlich wie im deutschen Recht ausgestaltet. Die genannten Haftungsnormen sind zwingend und damit nicht abdingbar.[396] Zudem sind Rechtsfolgen wie Geldbußen, die Einstellung des Betriebs etc. an die Verletzung staatlicher Schutznormen, an die Nennung eines falschen Produktionsorts oder den Verkauf von minderwertigen oder gefälschten Produkte als „echt"; die Behinderung staatlicher Produktqualitätsprüfung etc. gekoppelt. Insgesamt sind im deutschen Recht detaillierte Regelungen verbraucherschützender Komplexe zu entdecken. So sind bereits im BGB zahlreiche Sonderfälle wie der Haustürwiderruf, Verbraucherkreditverträge, der Fernabsatz usw. verbraucherschützend geregelt. Zudem bestehen verschiedene Verbote des Haftungsausschlusses, beispielsweise aus § 14 ProdHaftG.[397] In China werden typische Fälle besonderer Schutzbedürftigkeit wie das Haustür- oder Fernabsatzgeschäft noch nicht berücksichtigt, so dass hier aus europäischer Sicht eine Regelungslücke besteht. Ziel des Verbraucherschutzrechts in China ist in erster Linie nicht der Ausgleich des Ungleichgewichts zwischen Unternehmer und Verbraucher, sondern die Vermeidung von Behinderung des privaten Wirtschaftssektors durch unlauteren Wettbewerb im Rahmen von Grundprinzipien des Verbraucherschutzes.[398] Besonders die Unabdingbarkeit wesentlicher Haftungsregelungen für Produzenten und Händler beschränkt die Vertragsfreiheit aber dennoch nennenswert zum Schutze von Verbrauchern. Zahlreiche weitere Gesetzbücher und Verordnungen wirken auf den Handel mit Verbrauchern ein und können dadurch die Vertragsfreiheit beschränken. Sie sind oft sehr speziell, betreffen zum Beispiel

---

[395] Gesetzestext Münzel, Anmerkungen zum Gesetz, Nr. 8.
[396] Ders., Nr. 9.
[397] Zhou, Inneres System des deutschen Privatrechts in der VR, S. 64.
[398] Zhang, Verbraucherschützendes Widerrufsrecht, S. 5 ff.

Qualitätsstandards zu einzelnen Produktgruppen wie Medikamente oder Kosmetika[399] und können hier nicht weiter untersucht werden.

VI. Arbeitsrecht

Für Arbeitsverträge sollen die generellen Regelungen des VG anwendbar sein. Der Typ eines Arbeitsvertrags ist im VG allerdings nicht gesondert geregelt.[400] Im Jahr 2008 wurde dafür in China zusätzlich zum bisherigen Arbeitsgesetz das Arbeitsvertragsgesetz[401] in Kraft gesetzt. Es soll vor allem den Schutz der Arbeitnehmer gewährleisten und gilt für Arbeitsverträge sowohl in staatlichen als auch privaten Betrieben (§ 2). Das neue Gesetz enthält massive Einschränkungen der Vertragsfreiheit: Arbeitsverträge müssen immer schriftlich geschlossen werden. Wird innerhalb des ersten Monats der Arbeitszeit kein schriftlicher Vertrag geschlossen, so hat der Arbeitnehmer für den Zeitraum ohne schriftlichen Vertrag einen Anspruch auf doppeltes Gehalt. Zusätzlich sind Mindestinhalte für den Vertrag vorgeschrieben, so muss zum Beispiel über eine Identifikationsnummer o.ä. der Arbeitnehmer neben seinen Adressdaten identifiziert werden können. Der Arbeitgeber ist in der Regel verpflichtet, einen unbefristeten Vertrag abzuschließen, wenn der Arbeitnehmer mehr als 10 Jahre im Betrieb ist oder ein befristeter Vertrag nach 2008 bereits zweimal verlängert wurde. Eine Probezeit ist nur einmal möglich und muss mindestens 80% des Gehalts eines Festangestellten beinhalten. Die Möglichkeit, Wettbewerbsverbotsklauseln in den Vertrag aufzunehmen, ist heute beschränkt auf eine Dauer von zwei Jahren und Mitarbeiter, die in der Regel mit Betriebsgeheimnissen betraut sind. Ihnen muss im Zusammenhang mit solchen Wettbewerbsklauseln eine Abfindung zugesprochen werden. Das Gesetz enthält wie die deutschen Vorschriften Kündigungsfristen, eine Prüfung der sozialen Auswahl bei betriebsbedingter Kündigung, die Pflicht, Abfindungen zu zahlen (im Gegensatz zum deutschen Recht auch bei ordentlicher Kündigung oder Ablauf von befristeten Verträgen) und Pflichten zur Anhörung des Betriebsrats.[402] Im deutschen Recht gibt es eine ganze Reihe von Vorschriften zum Schutz der Arbeitnehmer. Beispielsweise sind laut Jugendarbeitsschutzgesetz Verträge über

---

[399] Vgl. Zhou, Chinesisches Verbraucherschutzrecht, S. 179 ff..
[400] Zhang, Chinese Contract Law Theory and Practice, S. 40 f.
[401] Labor Contract Law of the People's Republic of China.
[402] Legal Services DAHK China, http://www2.china.ahk.de/ download/ news/isheet_Arbeitsvertragsgesetz.pdf.

gefährliche oder gesundheitsschädliche Arbeiten mit Jugendlichen verboten.[403] Andere Gesetze beeinflussen die inhaltliche Gestaltung der Arbeitsverträge bezüglich Arbeitszeit, Entgelt, Arbeitsschutz usw. Das Arbeitsvertragsgesetz der VR erreicht insgesamt nicht die Komplexität und Ausführlichkeit des deutschen Arbeitsrechts, welches heute durch zahlreiche Gesetze und die Rechtsprechung umfassend ausgestaltet ist. Es sorgt aber ebenso für eine starke Rechtsposition des Arbeitnehmers, vor allem einen hohen Schutz im Bereich der Beendigung von Arbeitsverträgen,[404] und schränkt dazu die Vertragsfreiheit deutlich ein.

VII. Wettbewerbsrecht

Ein Wettbewerbsgesetz[405] beschränkt in China einzelne Aspekte der Geschäftstätigkeit. Sein Ziel ist u.a. die gesunde Entwicklung der sozialistischen Marktwirtschaft und der Schutz von fairem Wettbewerb auf den Märkten (§ 1). Es enthält markenrechtliche Aspekte wie das Verbot, registrierte Marken anderer Firmen oder deren Produkte zu nutzen aus § 5. Für monopolistische Unternehmen, insbesondere auch staatliche Firmen, wurde ein ausdrückliches Verbot ins Gesetz aufgenommen, ihre Marktmacht zum Zwang anderer, die eigenen Produkte zu erwerben, auszunutzen (§§ 6 f.). Das Verbot, Geschäftsgeheimnisse zu veröffentlichen (§ 10) oder Waren zu unvernünftigen („unreasonable") Konditionen zu verkaufen oder ihren Kauf mit dem Zwang zu verbinden ein anderes Produkt zu erwerben (§ 12), ist für Wirtschaftsverträge ebenso bedeutsam. Staatliche Behörden überwachen die Geschäftstätigkeit der Unternehmen um unlauteren Wettbewerb zu entdecken (§§ 16 ff.), für den die Unternehmen haften müssen (§§ 20 ff.). Ein umfassendes Kartellgesetz[406] existiert seit 2008. Es umfasst dem deutschen und europäischen Recht ähnliche Beschränkungen wie das Verbot der Ausnutzung marktbeherrschender Stellung oder die Untersagung von Monopolabsprachen. Dazu ist auch die Wettbewerbsbehinderung durch den Missbrauch öffentlicher Gewalt verboten, während staatliche Unternehmen in einigen besonders wichtigen Industriebranchen oder für die staatliche Sicherheit wichtigen Bereichen gesondert vor ausländischen Übernahmen geschützt werden. In Deutschland sind mehrere Gesetze mit wettbewerbsrechtlichen Regelungen bekannt. UWG,

---

[403] Zhou, Inneres System des deutschen Privatrechts in der VR, S. 64.
[404] Bu, Chinesisches Zivil- und Wirtschaftsrecht aus deutscher Sicht, S. 137 ff.
[405] Anti Unfair Competition Law of the People´s Republic of China.
[406] Forschungsinstitut für Wirtschaft und Wettbewerb e.V., http://www.fiw-online.de/de/aktuelles/2008/china-erstes-kartellrecht-antimonopoly-law-tritt-in-kraft.

Kartellrecht und Markenrecht sind hier in erster Linie zu nennen. Der Grundgedanke, Unternehmen mit besonders großer Marktmacht an der Ausnutzung dieser Macht zu hindern, um so einen gerechten Wettbewerb zu ermöglichen, ist in beiden Rechtsordnungen verankert.

VIII. Außenhandelsregulierung

Für ausländische Wirtschaftseinheiten, welche in China Handel treiben möchten, ergeben sich besondere Beschränkungen. Zu nennen ist das Außenhandelsgesetz. Dieses ist im Hinblick auf den WTO-Beitritt Chinas 2004 reformiert worden. Im Grundsatz ist der Import und Export von Waren und Dienstleistungen in China frei, außer Gesetze oder Verwaltungsverordnungen sehen Einschränkungen vor (§ 14). Dies gilt auch für natürliche Personen. Der Zugang zum chinesischen Markt über reine Exportgeschäfte muss seit 2004 nicht mehr genehmigt werden. Allerdings ist weiterhin die Registrierung beim chinesischen Handelsministerium (MOFCOM) notwendig, und für einige Güter bestehen Importquoten. Diese sind rechtlich wohl legitimiert durch § 16 Nr. 7 des Außenhandelsgesetzes, welches Importbeschränkungen erlaubt, wenn sie zum Aufbau oder beschleunigten Aufbau einer besonderen inländischen Industrie notwendig sind. Dazu kommen Zollgebühren auf Importware. Einige Vorschriften des Außenhandelsgesetzes erlauben staatliche Eingriffe in undefiniertem Umfang. Gleichzeitig hat China den direkten Rechtsweg eröffnet, sollte dadurch WTO-Recht verletzt werden.[407] Insgesamt wird seit Chinas WTO-Beitritt 2001 der Zugang zum Dienstleistungsmarkt einschließlich des Handels als größtenteils unbeschränkt angesehen.[408]

Für ausländische Unternehmen, die bereits in China investiert sind, müssen die Verwaltungsvorschriften für die Handelsaktivitäten ausländisch investierter Unternehmen zur Aussage über den Grad der Handelserlaubnis herangezogen werden.[409] In diesem Zusammenhang zu nennen ist zudem das Investitionsrecht: Investitionen ausländischer Unternehmen unterliegen in China staatlicher Steuerung und Kontrolle. In einem sogenannten Investitionslenkungskatalog legt die Regierung fest, in welchen Wirtschaftsbereichen sie ausländische Investitionen für positiv befindet und in wel-

---

[407] Schmutzler u.a, Conquering the dragon, in: Business Success in China, S. 60; Huck, in: law-and-business.de.
[408] Werner, Legal Constraints on Business in China, in: Business Success in China, S. 174.
[409] Huck, in: law-and-business.de

chen nicht. Einige Tätigkeitsfelder sind nicht für ausländische Unternehmen eröffnet, in anderen Bereichen werden sie gar besonders gefördert. Insgesamt gibt es die Einordnungen „unterstützt", „erlaubt", „beschränkt" und „verboten". Diese Einteilungen können sich in jedem neuen Katalog ändern und werden so der Wirtschaftsentwicklung angepasst. Sie haben keinen Gesetzesrang – die WTO würde solche Handelsbeschränkungen per Gesetz nur begrenzt dulden - werden aber durch Verordnungen oder interne Bestimmungen durchgesetzt.[410] Jeder ausländischen Investition muss so auf Basis eines Berichts mit genauer Information über das geplante Projekt von der zuständigen National Development and Reform Commission zugestimmt werden. Relevante Dokumente wie Gesellschafts- oder Joint-Venture-Verträge müssen dem chinesischen Handelsministerium vorgelegt werden und sind ebenfalls zustimmungspflichtig.

IX. Joint Ventures

Ausländischen Unternehmen war es lange Zeit nicht erlaubt, sich selbständig in China anzusiedeln. Die VR China hat durch die Beschränkung für ausländische Unternehmen, nur in gesellschaftsrechtlicher oder vertragsrechtlicher Verbindung mit einem chinesischen Unternehmen tätig werden zu dürfen, eine Politik zum Schutz der nationalen Wirtschaft verfolgt. Wesentliche Regelungen über den gesellschaftsrechtlichen Typ dieser „Verbindungen" finden sich im Joint Venture Gesetz.[411] Das vertragliche Joint Venture ist in seiner Ausgestaltung relativ flexibel, wesentliche Merkmale der Verbindung wie die Investitionssumme oder die Haftung können frei festgelegt werden. Die Bedeutung von Joint-Ventures nimmt ab, da heute ausländische Unternehmen in den meisten Fällen auch ohne chinesischen Partner tätig werden dürfen („wholly foreign owned enterprise").[412] Das gesellschaftsrechtliche System in China ist heute umfassend geregelt, so dass wie im deutschen Recht bestimmte Voraussetzungen für das Zustandekommen etc. der verschiedenen gesellschaftsrechtlichen Formen den jeweiligen Vorschriften zu entnehmen sind.[413]

---

[410] Hu, A Guide to Business Success in China for Foreign Enterprises, in: Business Success in China, S. 107 f.
[411] The Law of the P.R. of China on Chinese Foreign Equity Joint Ventures.
[412] Schmutzler u.a., Conquering the dragon, in: Business Success in China, S. 61.
[413] Übersicht z.B. in Chen, Chinese Law Context and Transformation, S. 461 ff.

X. Branchentypische Vertragstypen

Für bestimmte Bereiche des Wirtschaftens sind bei der Gestaltung von Verträgen Sondergesetze wie das Versicherungsgesetz, das Seerecht für Transporte auf dem Meer, das Bürgschaftsrecht usw. zu beachten. Zusätzlich gelten für Technologieimportverträge nicht die Regelungen des VG, sondern besondere Verordnungen.[414] Seit 2009 existieren die Measures on the Administration of the Registration of Technology Import and Export Contracts. Zusammen mit den Technology Import and Export Administrative Regulations von 2001 ersetzen sie die früheren unterschiedlichen einschlägigen Vorschriften. Technologieimportverträge über eine Technologie, die im Catalogue on Projects Subject to Government Verification enthalten ist, müssen beim Handelsministerium registriert werden. Der Vertrag muss online auf einer entsprechenden Webseite des Handelsministeriums hochgeladen und mit dortigem Antrag registriert werden. Verträge über Technologien, die nicht in diesem Katalog genannt sind werden bei den zuständigen regionalen Abteilungen des Handelsministeriums registriert. Die Registrierung muss innerhalb von 60 Tagen nach dem Wirksamwerden des Vertrages vorgenommen werden. Nach der Prüfung der Dokumente erlässt die Behörde eine Registrierungslizenz. Es findet keine detaillierte materielle Prüfung statt, so dass die Lizenz in der Regel innerhalb von drei Tagen vorliegt. Zusätzlich existiert der Catalogue of Technologies Prohibited or Restricted to be Imported, dessen Technologieimporte nur nach ausdrücklicher Genehmigung durch das Handelsministerium möglich werden.[415]

XI. Kontrahierungszwang

In Deutschland bestehen weitere Sondergesetze, welche eigentlich im klaren Widerspruch zur Vertragsfreiheit Kontrahierungszwang enthalten. So sind als bedeutsame Beispiele Verkehrsbetriebe verpflichtet, Fahrgäste zu befördern und Energieunternehmen als Grundversorger müssen die Versorgung von Haushalten sicherstellen, KFZ-Haftpflichtversicherungen müssen jedem Kunden eine Versicherung anbieten, ohne den Abschluss eines solchen Vertrages ablehnen zu können. Aus §§ 826, 249 BGB kann sich ein allgemeiner Kontrahierungszwang ergeben, soweit in der Ablehnung eines Vertragsangebots eine vorsätzliche und sittenwidrige Schädi-

---

[414] Scheil u.a., Vertragsgesetz der VR China. Übersetzung und Einführung, S. 34. ff.
[415] Neue Regelungen für den Technologietransfer ab dem 1.2.2009, in: firmenpresse.de; Lester u.a., new rules on the registration of technology import and export contracts (online).

gung zu sehen ist.[416] In China sind ähnliche Regelungen bekannt. Aus § 289 VG ergibt sich bereits eine Beförderungspflicht für den öffentlichen Verkehr. Einige Sondergesetze wie § 26 Elektrizitätsgesetz liefern zusätzliche Zwänge, in diesem Fall die Sicherstellung der Stromversorgung aller Nutzer durch die verantwortlichen Stromkonzerne.

Insgesamt hat das chinesische Zivilrecht durch den Prozess der Rechtsentwicklung der vergangenen Jahrzehnte wesentlich an Regelungsbreite zugenommen. Je nach Betätigungsfeld sind daher zahlreiche Sondergesetze zu beachten. Insbesondere ausländische Unternehmen, die in China tätig werden möchten, müssen sich nicht nur auf international bekannte Beschränkungen der Vertragsfreiheit wie z.B. arbeitnehmerschützende Vorschriften einstellen, sondern sich darüber hinaus mit einigen „speziell chinesischen" Regelungen befassen.

---

[416] Zhou, Inneres System des deutschen Privatrechts in der VR, S. 64.

6. Teil: Tatsächliche Ausübung der Vertragsfreiheit in der Gesellschaft

Das chinesische Recht verfügt durch die Reformen der vergangenen Jahrzehnte heute über eine nahezu vollständige normative Ausgestaltung aller Rechtsbereiche. Maos Ausspruch, dass China kein unbeschriebenes Blatt sei, das von Rechtsnormen einfach überschrieben werden könnte,[417] hat seine Gültigkeit allerdings auch in der heutigen Zeit nicht gänzlich verloren. Das chinesische Recht und seine Ausübung wird weiterhin von traditioneller Rechtskultur und den in der heutigen Gesellschaft vertretenen moralischen Werten beeinflusst. Die Frage, inwieweit die „importierten" Gesetze im täglichen Rechtsverkehr umgesetzt werden, hängt also zum Teil vom Zusammenspiel der Normen mit den bestehenden moralischen und kulturellen Rahmenbedingungen ab.[418] Dies bestätigen die Erfahrungen von in China tätigen Ausländern: Oft müssen diese erkennen, wie juristische Institutionen und Prozesse, die auf den ersten Blick ihren eigenen Systemen sehr ähneln, in der Praxis durch die regionalen Gegebenheiten ganz anders funktionieren.[419] Dabei ist die Entwicklung der moralischen Werte und der Lebensweisen der Bevölkerung auch in Abhängigkeit von der Wirtschaftsentwicklung sehr dynamisch. Diese ist wiederum in China je nach Region sehr unterschiedlich.[420] Die Vielseitigkeit der chinesischen Gesellschaft und die verschiedenen Entwicklungsstufen der Regionen sind mittlerweile ein typisches Charakteristikum der VR geworden. „Die" chinesischen Werte oder die genauen Vorstellungen „der Chinesen" über Merkmale ihres Rechtssystems wie die Vertragsfreiheit oder die vertragsrechtlichen Regelungen festzustellen fällt daher schwer. Auch Teilaspekte wie die Art und Weise der Lösung zivilrechtlicher Konflikte können durch diese kulturellen Unterschiede kaum in Fallstudien untersucht werden, jedenfalls nicht mit ausreichender Aussagekraft für das gesamte Volk von 1,3 Milliarden Menschen.[421] Prägnante Aussagen wie „Es gibt viele verschiedene Chinas."[422] oder „China kann nicht als ein Markt angesehen werden."[423] sollte man sich regelmäßig ins Gedächtnis rufen.

---

[417] Potter, The Chinese legal system. Globalization and local legal culture, S. 6.
[418] Jones, Current Chinese Legal System System, in: Understanding Chinese legal system S. 8
[419] Potter, The Chinese legal system. Globalization and local legal culture, S. 1.
[420] Schmutzler u.a., The Rise of the Dragon, in: Business Success in China, S. 9.
[421] Leiden-Beijing, Cultural Characteristics in the Chinese Contract Law, S. 10.
[422] Dell, The opportunities and challenges of working in China, in: Succeeding in China, S. 25.
[423] Schmutzler u.a., The Rise of the Dragon, in: Business Success in China, S. 8.

Als ein Beispiel für die Wirkung moralischer Traditionen kann die traditionell starke Familienbindung in China genannt werden. Während ein Teil der Bevölkerung diese Bindungen weiterhin pflegt, lebt ein anderer Teil heute ohne traditionelle Familienbindung und ist gegenüber einer objektiven, formalen Gesellschaftsordnung geregelt durch das Recht eher positiv eingestellt. Insgesamt bleiben familiäre Bande ein wichtiger Aspekt der chinesischen Gesellschaft. Der Drang nach Individualismus ist eher noch schwach ausgeprägt.[424] Dies ist wohl auf die konfuzianische Tradition zurückzuführen. Konfuzianische Lehren selbst sind dagegen kaum noch präsent, direkte, ideologische Einflüsse solcher traditioneller Lehren kaum noch vorhanden.[425] Ideologische Einflüsse durch ein striktes Beharren auf marxistischer Ideologie sind im heutigen China ebenfalls kaum noch zu erkennen.[426] Im persönlichen Umgang mit Chinesen gibt es allerdings auch heute noch deutliche kulturell geprägte, verhaltenstechnische Unterschiede. Etwas „gerade heraus" zu sagen, gegenüber Anderen Kritik zu äußern oder sie dazu zu bringen, ihre getroffenen Entscheidungen zurückzunehmen, bedingt häufig den Gesichtsverlust des Gegenübers. Daher wird auch von chinesischer Seite eher subtil kommuniziert, statt direkt Kritik zu üben.[427] Besonders in geschäftlichen Verhandlungen wird daher eine andere, indirektere und formellere Gesprächskultur deutlich.[428] Chinesen sehen Verträge darüber hinaus im Allgemeinen eher als langfristige, persönliche Beziehung der Beteiligten, denn als reinen geschäftlichen Kontakt. Sie möchten sich nach dem Abschluss eines Vertrages zu weiteren Verhandlungen treffen, während westliche Geschäftsleute die Gespräche in der Regel mit der Unterschrift unter dem Vertrag als beendet ansehen. Um die persönlichen Beziehungen der Geschäftspartner *guanxi* nicht zu beschädigen, werden Streitigkeiten weiterhin eher selten vor Gericht ausgetragen. In vertraglichen Fragen spielen daher andere Maßnahmen wie Verhandlungen, Mediation oder Schlichtung vor Gericht eine größere Rolle, als die direkte Anwendung des Rechts im Rahmen einer Klage. Zum Gelingen der Wirtschaftsbeziehungen mit China und somit der Ausschöpfung der Möglichkeiten der Vertragsfreiheit ist also eine erhöhte Beach-

---

[424] Potter, The Chinese legal system. Globalization and local legal culture, S. 7.
[425] Chen, Chinese Law Context and Transformation, S. 19.
[426] ders., S. 75.
[427] Northern, Losing Face, in: Succeeding in China, S. 29 ff.; Knoss/Beveridge, Successful Business Relations with China.To-Dos and Taboos, in: Business Success in China, S. 190.
[428] Schmutzler u.a, The Rise of the Dragon, in: Business Success in China, S. 7; Hu, A Guide to Business Success in China for Foreign and Chinese Companies, in Business Success in China, S. 116.

tung der interkulturellen Kommunikation notwendig. Heute werden die Schwierigkeiten im Umgang mit anderen Kulturen im Geschäftsverkehr oft noch unterschätzt,[429] obwohl sie für westliche Unternehmen in China eine merkliche Beschränkung der tatsächlichen Ausübung der Vertragsfreiheit bedeuten. Die Rolle des *guanxi* zeigt sich des Weiteren in der Kultur des Schenkens der Chinesen. Um gute Beziehungen aufrecht zu erhalten und von einem positiven Verhalten der Gegenseite profitieren zu können, sind Geschenke ein notwendiges Mittel und die Grenzen zu Korruption dabei fließend.[430] Ausländer können die Vorteile des freien Handels oft nur nutzen, wenn sie sich mit diesem Beziehungsgeflecht auskennen bzw. Teil dessen werden. Dies gilt auch im Umgang mit den mächtigen staatlichen Stellen.[431]

Zu fragen ist, inwiefern die Privatautonomie nicht nur in der Geschäftswelt, sondern in der chinesischen Bevölkerung insgesamt ihre tatsächliche Umsetzung gefunden hat. Aufschlüsse über die tatsächliche Ausübung der Vertragsfreiheit kann die Stellung und Form des Handels geben. Dort zeigt sich seit einigen Jahren ein großes Wachstum des privaten Bereichs. Im Jahr 2010 werden die privaten Konsumausgaben der Chinesen auf annähernd 2 Billionen Dollar gestiegen sein.[432] Neue Normen haben in diesem Umfeld in der Regel ein positives Ansehen, sofern sie helfen, die wirtschaftlichen Bedürfnisse zu stillen.[433] Insgesamt, immer unter der Einschränkung, dass es für solch ein großes Land problematisch ist, Trends auf alle Regionen zu beziehen, ist der freie Handel heute im Alltag der Chinesen selbstverständlich und das Prinzip der Vertragsfreiheit unverzichtbar. Das planwirtschaftliche Denken ist scheinbar schon weit zurückgedrängt. Chinesen schätzen die Autonomie, Verträge abzuschließen, und würden sich dagegen kaum von staatlichen Institutionen zum Abschluss von Verträgen drängen lassen.[434]

Auskunft zur Stellung der Vertragsfreiheit und der vertragsrechtlichen Normen kann zudem der gerichtliche Alltag geben. Anhand einer hohen Zahl von Fällen Mitte und Ende der 90er wurde deutlich, dass speziell im wirtschaftlichen Bereich oftmals die

---

[429] Leiden-Beijing, Cultural Characteristics in the Chinese Contract Law, 2 ff.
[430] Schmutzler u.a, The Rise of the Dragon, in: Business Success in China, S. 8.
[431] Williamson/Zeng, Competing in the Dragon's Den: Strategies for a Changed China, in: Business Success in China, S. 76; Hu, A Guide to Business Success in China for Foreign Enterprises, in: Business Success in China, S. 112.
[432] Economist Intelligence Unit, in: Der Spiegel Nr. 2 2011, S. 84.
[433] Potter, The Chinese legal system. Globalization and local legal culture, S. 6.
[434] Scheil, Beobachtungen zur Vertragsfreiheit in China, in: Newsletter der deutsch-chinesischen Juristenvereinigung, S. 13.

Anforderungen der Gesetze bezüglich des Vertragsschlusses nicht eingehalten wurden. So wurden Verträge geschlossen, ohne die entsprechende Geschäftsfähigkeit oder Vertretungsmacht zu besitzen und Formerfordernisse für bestimmte Vertragstypen wurden verletzt,[435] große Mängel bei der Erfüllung von Verträgen wie zum Beispiel mangelhafte Produktqualität oder Mängel bei der vorgeschriebenen Gewichtsauszeichnung traten ebenfalls zu Tage.[436] Diese Nichteinhaltung gesetzlicher Vorschriften muss aber nicht zwangsläufig auf eine Ablehnung oder vorsätzliche Missachtung des geschriebenen Vertragsrechts in China hindeuten. Möglicherweise haben auch die Unübersichtlichkeit des (alten) chinesischen Vertragsrechts oder die Unbekanntheit der Normen dabei eine Rolle gespielt. Erinnern muss man sich in diesem Zusammenhang an die eher geringe Bedeutung kodifizierten Rechts in der chinesischen Historie,[437] so dass den Chinesen lange Zeit Erfahrung im Umgang mit den Gesetzen gefehlt hat. Das einheitliche Vertragsrecht und die Gewöhnung der Chinesen an die Beachtung schriftlichen Wirtschaftsrechts können hier in Zukunft zu besserer Einhaltung führen und das Rechtsbewusstsein weiter steigern. Seit den späten 80er-Jahren gibt es zudem staatliche Programme zur Verbreitung von Rechtskenntnissen.[438] Insgesamt wird die Distanz zwischen dem geschriebenen Recht und dem tatsächlichen Recht, wie sie in jeder Gesellschaft existiert, in der chinesischen noch als deutlich größer angesehen, als in westlichen Gesellschaften.[439] Dennoch ist der Stand der tatsächlichen Umsetzung der neuen Gesetze für ein Land in einem Transformationsprozess heute wohl schon weit fortgeschritten. Dazu trägt bei, dass alle Gesetze heute auch tatsächlich der Öffentlichkeit zur Verfügung gestellt werden, beispielsweise über das Internet für Bürger erreichbar sind.[440] Zhu, Dekan an der Jura-Fakultät der Universität in Peking, sieht in seinem aktuellen Buch heute gar eine religionsähnliche Verehrung der Herrschaft des Rechts, einen blinden Aberglauben der Bevölkerung. Gleichzeitig berichtet er über eine „rechtsfreie" Arbeitsweise der Richter in Gerichten ländlicher Regionen. Statt die geschriebenen Normen anzuwenden entwickeln sie selbst Lösungen, um dem von langjährigen, komplizierten persönlichen Beziehungen geprägten Leben auf dem Dorf

---

[435] Potter, The Chinese legal system. Globalization and local legal culture, S. 55.
[436] Zhou, Chinesisches Verbraucherschutzrecht, S. 9 ff.
[437] Leiden-Beijing, Cultural Characteristics in the Chinese Contract Law, S. 7 f.
[438] Knieper, Einige Aspekte der Zivil- und Wirtschaftsrechtsreform, in: Newsletter der deutsch-chinesischen Juristenvereinigung e.V., S. 5.
[439] Leiden-Beijing: Cultural Characteristics in the Chinese Contract Law, S. 6.
[440] Julius, Erfahrungen der GTZ in China, in: RabelsZ Bd. 72, S. 79 ff.

gerecht zu werden. Sie lösen zwischenmenschliche Konflikte auf effektive Art, ohne ihre genaue rechtliche Einordnung vorzunehmen.[441] Unangenehme Entscheidungen gegen Personen aus ihrem eigenen persönlichen Netzwerk treffen Richter vor Ort dabei ungern.[442] Auch aktuelle Studien bestätigen das Bild, dass in städtischen Gebieten das Recht weit verbreitet ist, in ländlichen Regionen lokale Gebräuche und Praktiken aber weiterhin häufiger herangezogen werden als staatliches Recht.[443] In absoluten Zahlen ergibt sich eine starke Zunahme der Inanspruchnahme von Zivilgerichten zwischen 1986 und 2006. Im Zeitraum zwischen 1999 und 2006 stagniert die Zahl der Verfahren allerdings, was durch die bessere Einhaltung des Rechts aufgrund klarerer und besser bekannter Regelungen mit verursacht sein kann. Dazu verbessert sich die Arbeit der Gerichte hin zu einer professionelleren Anwendung des aktuellen Rechts durch besser qualifizierte und nach und nach unabhängigere Richter.[444] Insgesamt zeigt sich hier wieder die Verschiedenartigkeit Chinas: Im von multiplen Geschäftsbeziehungen geprägten Alltag in der Stadt ist das Recht wohl leichter durchzusetzen, als im intimen Beziehungsgeflecht eines Dorfes, wobei die Grenzen natürlich fließend sind. Einen ähnlichen Eindruck hatte Potter im Jahr 2001, der die Interpretation des Vertragsrechts oft noch durch die lokale Rechtskultur beeinflusst sah. Potter sah darin einen Versuch, die staatliche Macht, immerhin aber innerhalb der Grenzen des Gesetzes, zu verfestigen.[445] Das zivilrechtliche Rechtsbewusstsein der chinesischen Bevölkerung ist also insgesamt als recht weit entwickelt zu bezeichnen, gleichzeitig vor allem durch regionale Unterschiede noch weit von umfassender Verbreitung entfernt.

Eine andere Frage ist, inwieweit staatliche Institutionen in China die entsprechenden Freiheiten immer respektieren. Festgestellt wurde im Rahmen dieser Untersuchung bereits, dass die VR China schon anhand der verfassungsrechtlichen Regelungen zwar noch nicht dem deutschen Verständnis eines Rechtsstaates entspricht, der Herrschaft des Rechts oder zumindest durch das Recht aber bereits einen hohen Rang einräumt.[446] Das Verständnis des Rechts scheint sich zu wandeln von einem

---

[441] Upham, Justice in Rural China, in: Yale Law Journal (online), S. 1677 ff.
[442] Werner, Legal Constraints on Business in China, in: Business Success in China, S. 172.
[443] Chen, Chinese Law Context and Transformation, S. 682 f.
[444] Liebman, Chinese courts: Restricted Reform, in: China's legal system: new developments, new challenges, S. 66 ff.
[445] Potter, The Chinese legal system. Globalization and local legal culture, S. 55.
[446] Vgl. diese Arbeit, S. 30 ff.

reinen Instrument zur Um- und Durchsetzung von Politik hin zur rechtlichen Bindung von Bürgern und auch Regierungsmitgliedern.[447] Durch die Mitgliedschaft in der WTO und das Bestreben, ausländischen Investoren auch durch rechtliche Sicherheit die Betätigung in China oder zumindest den grenzübergreifenden Handel in den meisten Branchen attraktiv zu machen, steht die chinesische Führung zusätzlich unter Druck, die eigenen Gesetzbücher zu respektieren und rechtlich gegebene Freiheiten auch tatsächlich zu respektieren. „Neither a national, nor a foreign investor is willing to take incalculable risks. No one will make his capital, know-how or work-power available, when there is no equivalent profit. Therefore, effective legal protection of investments is absolutely neccessary".[448] Die chinesische Regierung hat sich dabei gegenüber der WTO verpflichtet, deutlich weitergehende Reformen durchzuführen, als zu ihrer Mitgliedschaft nötig gewesen wären.[449] Dazu kommt, dass vertragsschließende Parteien schon durch ihr gemeinsames Interesse „die Größe des Kuchens zu maximieren" zum Wachstum der Volkswirtschaft beitragen. Staatliche Eingriffe in die vertragliche Freiheit sollten daher möglichst gering sein.[450] Dieses liberale Denken scheint neben dem gewachsenen Respekt vor dem Recht mittlerweile weit verbreitet zu sein, so dass der Staat wenig Interesse daran haben kann, die generelle Vertragsfreiheit über die gesetzlichen Vorschriften hinaus zu beschränken. Die politische Führung Chinas in den letzten Jahrzehnten hat sich durch ihre Neigung zu westlichen Einflüssen und der Entschlossenheit, die Entwicklung eines neuen Systems durchzusetzen,[451] ein gewisses Vertrauen erarbeitet, dass sie diese marktwirtschaftlichen Elemente tatsächlich respektiert. Nicht verschwiegen werden darf jedoch, dass es in der heutigen KP durchaus noch ideologische Kämpfe gibt, die sich in neuer Gesetzgebung mit Eingriffen in spezielle Wirtschaftsbereiche niederschlagen können. In einigen Bereichen sollen starke staatliche Unternehmen aufgebaut werden, was wiederum zu Beschränkungen und Diskriminierung privater Unternehmen in diesen Bereichen führt.[452] Insgesamt kann die KP gerade aufgrund der äußerst stabilen

---

[447] Peerenboom, in: Chen, Chinese Law Context and Transformation, S. 695 f.
[448] Gebhardt (Mithrsg. chinesisches Handelsministerium), Case studies, S. 6.
[449] Clarke, China's legal system: new developments, new challenges, S. 17.
[450] Clarke, Legislating for a Market Economy, in: China's legal system: new developments, new challenges, S. 26.
[451] Hahn, Take Risks to Enter new Markets, in: Succeeding in China, S. 14. ff.
[452] Zhang, Commentary on Legislating for a Market Economy, in: China's legal system: new developments, new challenges, S. 33 f.

chinesischen Wirtschaft[453] problemlos Zugangsschranken für ausländische Unternehmen aufbauen. Es kommt vor, dass ausländische Investitionen relativ kurzfristig durch neue Vorschriften des chinesischen Staates erschwert oder unmöglich gemacht werden.[454]

Eine indirekte Beschränkung der Vertragsfreiheit durch staatlichen Einfluss ergibt sich im aktuellen Rechtsverkehr durch sogenannte amtliche Musterverträge. Musterverträge sind nach § 12 Abs. 2 VG als Basis von Vertragsschlüssen zugelassen. Die staatliche Bürokratie hat zum Beispiel für Bauausführungen, den Erwerb von Landnutzungsrechten oder gesellschaftsrechtliche Satzungen Muster herausgegeben. Unter chinesischen Gelehrten strittig ist, ob die Anwendung dieser Verträge möglicherweise sogar zwingend vorgeschrieben ist. Dazu wurde im Jahr 1998 eine Norm überarbeitet, welche vorschreibt, Verträge nach Standardmustern abzuschließen, sofern ein solches Standardmuster herausgegeben wurde. Die zuständige Behörde (State Administration of Industry and Commerce) ging noch im Jahr 2002 von der Gültigkeit dieser Norm und damit der zwingenden Anwendbarkeit der Musterverträge aus. Diese Verwaltungsmethode für Standardmuster zu Wirtschaftsverträgen wurde auch im Zuge des Beitritts zur WTO nicht abgeschafft oder überarbeitet.[455] Insgesamt würde eine zwingende Anwendung dieser Vertragsmuster im Konflikt mit der in der chinesischen Politik aktuell eher verbreiteten Ansicht, die Vertragsfreiheit als wichtige Grundlage der Wirtschaftsentwicklung zu schützen, stehen. Geht man davon aus, dass aufgrund des Wortlauts des § 12 Abs. 2 VG („Können") und der allgemeinen Vertragsfreiheit des VG keine Anwendungspflicht besteht,[456] so können bei unterschiedlicher Rechtsauffassung durch Behördenvertreter zumindest dann dennoch Probleme für die Vertragsschließenden entstehen, wenn Genehmigungs- oder Registrierungserfordernisse seitens der Behörden vorliegen. Dies betrifft wesentliche Tätigkeitsbereiche ausländischer Investoren.[457] Bei grenzüberschreitenden Geschäften wie dem Software- oder Know-How-Import wird von Druck seitens der Behörden berichtet, die Vertragsgestaltung eigenen Musterverträgen anzupassen. Die behördliche Inhaltskorrektur kann sich hier sogar auf die Preisgestaltung solcher Verträge

---

[453] Sieren, China Boom – What´s left for us?, in: Business Success in China, S. 41.
[454] Wie dargestellt speziell auf S. 85 ff.
[455] Scheil u.a., Vertragsgesetz der VR China. Übersetzung und Einführung, S. 13 f.
[456] so wohl Zhang, Chinese Contract Law Theory and Practice, S 63.
[457] Vgl. diese Arbeit, S. 85 ff.

erstrecken und ist durch gewisse Ermessensspielräume der Behörde, z.B. ob sie die notwendige Registrierung von Technologieimportverträgen durchführt, fast uneingeschränkt durchsetzbar.[458] Nicht zu übersehen ist des Weiteren der starke Drang des chinesischen Staates, seine Überwachungs- und Kontrollfunktion, nach § 127 VG im beschränkten Umfang rechtlich legitimiert, für viele Geschäfte nicht aufzugeben. Je länger das VG, welches eindeutig Musterverträge nur als fakultativ anwendbar vorschreibt, Gültigkeit hat, desto mehr ist von einer Einsicht der Beamten der genannten Behörden auszugehen. Nicht vergessen sollte man dabei allerdings, dass auch in Deutschland Musterverträge existieren. So fasst kaum ein Vermieter einen eigenen Mietvertrag ab, sondern übernimmt einen Mustervertrag von Verbänden o.ä. Auch bei AGBs für die Geschäfte der eigenen Firma ist es nicht unüblich, sich an vorformulierte Muster zu halten. Eine rechtliche Pflicht, dies so zu handhaben, besteht nicht, es entspricht aber der üblichen Vorgehensweise bei einigen Rechtsgeschäften, sich an Vorgaben von Autoritäten zu orientieren. Bezogen auf die chinesische Rechtssituation können Musterverträge helfen, faire und vollständige Verträge zwischen in der Vertragsgestaltung oft noch unerfahrenen Parteien zu garantieren. Sie tragen damit zum Schutz der sozialen und wirtschaftlichen Ordnung, wie ihn § 127 VG und andere Normen implizieren, bei. Auch können diese Verträge bei Registrierungserfordernissen o.ä. durch die Behörden schneller überprüft werden und damit zu einer früheren Erfüllung der formellen Erfordernisse mancher Verträge führen. Die publizierten Musterverträge können damit in vielen Situationen die bessere Alternative zu selbst gefassten Verträgen sein. Dennoch ist der indirekte Zwang oder zumindest eine gewisse Unsicherheit im Prozess der Vertragsgestaltung vor allem für international tätige Unternehmen unerfreulich, hoffen sie doch auf eine fast allumfassende Vertragsfreiheit, die sie mit ihrer eigenen gestalterischen Kompetenz nutzen möchten.

Weitere Maßnahmen der Behörden auf Basis von § 127 VG sind die Überprüfung von Verträgen, Inspektion der Vertragsumsetzung, Mediation bei Streitigkeiten aus einem Vertrag und die Bestrafung der rechtswidrigen Aktivitäten aus einem Vertrag. Die Überprüfung spielt eine große Rolle. Zwar ist sie keine Voraussetzung für das wirksame Zustandekommen eines Vertrages. Allerdings bedeutet auch eine noch nicht erfolgte Bestätigung der Rechtmäßigkeit seitens der Behörden eine gewisse

---

[458] In aller Regel ist nach der Reform der Registrierungserfordernisse für Technologieverträge seit 2009 von einem geringeren Ermessensspielraum der Behörde auszugehen, vgl. diese Arbeit, S. 87.

Unsicherheit für die Parteien.[459] Erwähnt werden muss zudem, dass die mächtige chinesische Bürokratie bei anderen Fragen oft auf Basis undurchschaubarer, nicht öffentlicher und teils sich widersprechender Vorschriften, interner Anweisungen per Telefon usw. handelt, was im Kontakt mit Behörden eine zusätzliche Unsicherheit bedeuten kann.[460]

Der Kontrahierungszwang aus § 38 VG stellt eine weitere mächtige Eingriffsmöglichkeit des Staates in den Rechtsverkehr dar. Sie wird heute aber insgesamt kaum noch ausgeübt, nur in seltenen Fällen gegenüber staatlichen Betrieben im Rahmen des Staatsplans.[461]

Auswirkungen auf die tatsächliche Ausübung der Vertragsfreiheit kann zudem die Interpretation der gesetzlichen Generalklauseln entfalten, allen voran Treu und Glauben. Dieser Grundsatz ist, wie in der Untersuchung der materiellen Nomen der AGZ und des VG gezeigt, als zentrale Beschränkung der Vertragsfreiheit in das chinesische Zivilrecht eingegangen. Schwierigkeiten ergeben sich bei der Auslegung und Anwendung dieses als schriftliche Norm noch relativ neuen Grundsatzes. Zu Zeiten der AGZ i.V.m. den drei verschiedenen Vertragsgesetzen gab es keine Einigkeit, ob die Normen zu Treu und Glauben nur dem Wortsinne nach ausgelegt werden sollten. Dies würde hauptsächlich ein ehrliches, gerechtes Verhalten bei Vertragserfüllung voraussetzen. Weitergehende Ansichten würden durch den Grundsatz auch die Rechtsausübung begrenzen lassen, Nebenpflichten definieren lassen oder gar dem Gericht eine umfassende Korrekturfunktion zubilligen.[462] Es liegen jedenfalls kaum veröffentlichte Entscheidungen vor, in denen der Grundsatz von Treu und Glauben damals überhaupt angewandt worden wäre. Genau durch die Rechtsprechung definierte Fallgruppen oder Beispiele für die routinierte Anwendung solcher Generalklauseln vor Gericht zur Korrektur oder überhaupt Ausgestaltung von Verträgen waren bis zum Inkrafttreten des VG nicht gegeben.[463] Heute ändert sich die Einstellung der Juristen zu Treu und Glauben. Der Begriff wird immer mehr als Instrument zur Anpassung der Gesetze an gesellschaftliche Entwicklungen aner-

---

[459] Zhang, Chinese Contract Law Theory and Practice, S. 63 f.
[460] Von Senger, Einführung in das chinesische Recht, S. 20; Hu, A Guide to Business Success in China for Foreign Enterprises, in: Business Success in China, S. 106.
[461] Ling in Walcher, Das VG der VR - Kaufverträge zwischen Unternehmen, S. 12.; Zhang, Chinese Contract Law. Theory and Practice, S. 49 f.
[462] Zhou, Inneres System des deutschen Privatrechts in der VR, S. 138 f.
[463] Dies., S. 137 ff.

kannt.[464] Es existieren einige Gerichtsurteile, in denen Treu und Glauben als entscheidende Quelle der Rechtsprechung direkt herangezogen wurde. So wurde die Anwendung von Handelsbräuchen als Teil von Treu und Glauben dazu genutzt, einem Schuldner zusätzliche Informationspflichten aufzuerlegen und ein Verhalten gegen die Interessen seines Kunden komplett zu verbieten. Treu und Glauben kann also Rechte und Pflichten kreieren, auslöschen und ändern und muss zur Interpretation von Vertragsklauseln herangezogen werden. Oft wird das Prinzip von Treu und Glauben durch Gerichte heute zudem genutzt, um die Rechtsbindung bereits festgelegter, aber umstrittener Pflichten zu bestärken. Die direkte Anwendung des Grundsatzes soll in der Regel nur stattfinden, wenn keine spezifischeren Vorschriften einschlägig sind. Dabei sollen Hauptpflichten, über die sich die Parteien geeinigt haben, möglichst nicht ausgelöscht oder geändert werden. Diese sollen in erster Linie aus § 5 VG über den Grundsatz der Gerechtigkeit als Unterfall von Treu und Glauben gerecht ausgelegt werden.[465]

Praktische Einflüsse auf die Wirkung des VG als Garantie relativ umfassender Vertragsfreiheit können sich durch die beschränkende Interpretation der Vorschriften ergeben. In China sind die Gerichte nicht verpflichtet, Rechtsprechung höherer Instanzen zu folgen. Den Interpretationen des höchsten Gerichts, des Supreme Court, wird von Gerichten niedrigerer Ebene aber gefolgt.[466] Dazu werden sie zum Füllen von Lücken in den oftmals neuen und/oder eher allgemein gehaltenen Vorschriften gerne genutzt.[467] Relevante Auslegungen des Supreme Court zum VG wurden kurz nach Inkrafttreten 1999 und im Jahr 2009 veröffentlicht. Entschieden wurde: Eine gerichtliche Abänderung oder Aufhebung von Verträgen, wenn sie durch unvorhergesehene Ereignisse für eine Vertragspartei unfair oder das Vertragsziel unerreichbar geworden ist, ist erlaubt. Dies gilt, sofern sich eine Partei an das Gericht gewendet hat.[468] Dieses Prinzip erinnert stark an den im deutschen Recht in § 313 BGB festgelegten Wegfall der Geschäftsgrundlage. Es ist im VG nicht normiert und nun erst durch die Interpretation des Supreme Court anerkannt. Eine weitere Interpretation bezieht sich auf die Nutzung von AGBs nach § 39 VG. Das Gericht ließ

---

[464] Shen, Die sozialistische Marktwirtschaft und das chinesische Vertragsrecht, in: Zivil- und Wirtschaftsrecht im europäischen und globalen Kontext, S. 135.
[465] Ling, Contract law in China, S. 55 ff.
[466] Chen, Chinese Law Context and Transformation, S. 200 ff.
[467] Zhang, Chinese Contract Law Theory and Practice, S. 31.
[468] Squire Sanders lawyers, People´s Court Permits Courts to Modify Contract Terms (online).

verlauten, dass auf Artikel, die die Haftung des AGB-Stellers ausschließen oder reduzieren in besonderer Weise hingewiesen werden. Der AGB-Steller hat die Beweispflicht, dass die Aufmerksamkeit des AGB-Nehmers auf diese Klauseln ausreichend war. Der Supreme Court hat außerdem die Begriffe des Erfüllungsorts und der Handelsbräuche näher definiert sowie eine Haftung des Vertragspartners, der eine notwendige Registrierung eines Vertrages nicht durchführt, eingeführt. Die Durchsetzbarkeit von einseitigen Rechtsgeschäften war lange Zeit umstritten. Wie dargestellt ist der Anwendungsbereich des VG auf zweiseitige Übereinkommen beschränkt. Der Supreme Court hat dazu klargestellt, dass auch einseitige Erklärungen zu einer Rechtsbindung führen können. Beispielsweise die Auslobung einer Belohnung führt damit nun auch zur Entstehung eines Anspruchs desjenigen, der die gewünschte Handlung durchführt. Somit sind einseitige verpflichtende Verträge nach chinesischem Recht einklagbar. Zudem betont der Supreme Court regelmäßig die Durchsetzbarkeit von mündlich oder konkludent geschlossenen Verträgen um gegen Beschränkungen der niedrigeren Gerichte für diese Verträge vorzugehen.[469] Insgesamt hat der Supreme Court die Normen durch seine Auslegungen sinnvoll konkretisiert und keine wesentliche Beschränkung hinzugefügt. Der weite Umfang der Vertragsfreiheit wird von Chinas höchstem Gericht respektiert.

Als bedeutsame Einschränkung der Freiheit ist die Beschränkung des Eigentumserwerbs in China nochmals zu erwähnen. Der Erwerb von Eigentum an Grund und Boden ist in Deutschland wichtiger Teil der Privatautonomie. Privateigentum ist durch die Eigentumsfreiheit in Deutschland grundrechtlich geschützt und als Grundlage für die Entfaltung der Persönlichkeit und die Unabhängigkeit des Einzelnen anerkannt.[470] Dies gilt besonders im Wirtschaftsverkehr, wo Unternehmen durch Eigentum oder andere dingliche Rechte an Grundstücken wesentliche Grundlagen für ihre wirtschaftliche Tätigkeit schaffen. In China ist das Eigentum grundsätzlich in der Hand von Kollektiven oder des Staates.

Insgesamt lässt sich die Situation der Vertragsfreiheit in der heutigen chinesischen Gesellschaft mit einem in China sehr verbreiteten Bild darstellen: Das Bild von einem Vogel im Käfig: Die Freiheit der vertragsschließenden Parteien ist gewährleistet, aber

---

[469] Wang, http://www.hg.org/article.asp?id=6753; Originalentscheidung unter http://www.chinacourt.org/flwk/show.php?file_id=135559; Dickinson, http://www.chinalawblog.com/2009/06/china_gets_all_new_on_contract.html.
[470] Zhou, Inneres System des deutschen Privatrechts in der VR, S. 76 f.

immer nur innerhalb des Käfigs, immer nur bis zu den festen Grenzen, die die Regierung setzt.[471] Verträge werden heute in der Regel auf Basis des freien Willens der Parteien geschlossen und dann rechtlich geschützt. Dies ist aber immer nur unter Einhaltung aller gesetzlichen Vorgaben, den Gitterstäben der Vertragsfreiheit, möglich.

---

[471] Zhang, Chinese Contract Law Theory and Practice, S. 60.

7. Teil: Fazit und Ausblick

Nach einer unruhigen, von politischen Umwälzungen geprägten Entwicklung der zivilrechtlichen Prinzipien in der chinesischen Historie ist die Vertragsfreiheit in der VR heute umfassend geschützt. Sie baut auf grundlegenden Prinzipien der AGZ von 1986 wie Gleichheit und Freiwilligkeit auf. Das 1999 in Kraft getretene VG konkretisiert und modernisiert die Vorschriften des chinesischen Vertragsrechts und enthält in § 4 die konkrete Garantie der Vertragsfreiheit, ohne diesen Begriff allerdings ausdrücklich zu nennen. Die heute anerkannten Definitionen der Vertragsfreiheit im deutschen und chinesischen Recht entsprechen sich im Wesentlichen.

Im Rahmen der Öffnung zum Westen hat sich in China heute ein „verwestlichtes" Recht entwickelt. Das deutsche Recht hat dabei regelmäßig eine Vorbildrolle übernommen, was anhand von strukturellen und inhaltlichen Ähnlichkeiten der Normen von AGZ und VG zum BGB gezeigt werden konnte. Das relativ einfach aufgebaute und verständlich formulierte VG konnte durch seine Aktualität darüber hinaus in einigen Teilen sehr „moderne" Regelungen aufnehmen (z.B. Vertragsschluss über elektronische Medien, neue Vertragstypen, c.i.c.-Haftung usw.). Gleichzeitig sind die in Deutschland vor allem durch die Rechtsprechung sehr detailliert ausgestalteten Generalklauseln und unbestimmten Rechtsbegriffe, beispielsweise der in beiden Rechtsordnungen bedeutsame Begriff von Treu und Glauben, in China mangels Auslegungstradition noch mit einer gewissen Unsicherheit verbunden.

Die heutige Bedeutung der Vertragsfreiheit in der VR China ergibt sich sowohl aus ihrem Einfluss als wesentliche Freiheit für die Lebensgestaltung der chinesischen Bürger, als auch als Grundlage für die heute zum großen Teil marktwirtschaftlich organisierte Wirtschaft. Als besonders wichtig hat sich dabei die grundsätzliche Gleichheit aller Marktteilnehmer einschließlich eines klaren Rechtsschutzes für natürliche Personen erwiesen. Aus deutscher Perspektive stellt das den westlichen Vorbildern nun angenäherte Recht eine Erleichterung für auf dem chinesischen Markt tätige Unternehmen dar.

Ebenfalls festgestellt wurden aber einige Einschränkungen der Vertragsfreiheit. Vor allem staatliche Eingriffsmöglichkeiten, Handels- und Investitionsregulierungen oder der weite Auslegungsspielraum bei Begriffen wie Schutz der öffentlichen Ordnung o.ä. erinnern noch an die planwirtschaftliche Vergangenheit Chinas und führen zu dem Schluss, dass das chinesische Zivilrecht noch kein westlich-liberales Recht ist.

Andere betrachtete Beschränkungen der Vertragsfreiheit haben vor allem das Ziel, Schwächere zu schützen. Der chinesische Gesetzgeber konnte mit den AGB-Regelungen, arbeitsrechtlichen oder verbraucherschützenden Normen usw. Beschränkungen der Vertragsfreiheit einführen, wie sie auch in Deutschland aufgrund eigener oft schmerzhafter Lernprozesse heute für notwendig gehalten werden. Die VR ist hier aber noch nicht so umfassend aufgestellt wie das deutsche Recht.

Der Einfluss der chinesischen Tradition und Kultur auf die Ausübung der Vertragsfreiheit konnte z.B. durch die Bedeutung von Familienbanden oder in der mangelnden Erfahrung mit der genauen Anwendung schriftlichen Rechts festgestellt werden. Zudem beeinflussen das traditionelle Beziehungsgeflecht der Chinesen und ein anderes Verständnis von Kommunikation sowohl die Ausübung der Vertragsfreiheit im Wirtschaftsverkehr der Städte, als auch die Verbreitung der vertragsrechtlichen Prinzipien in ländlichen Regionen. Die tatsächliche Umsetzung der Vertragsfreiheit hat insgesamt dennoch bereits umfassend stattgefunden.

Mit Blick auf die Zukunft ist fraglich, ob die „sozialistische Marktwirtschaft" wirklich nur, wie offiziell kommuniziert, als Mittel zum Übergang zu einem „richtigen" Sozialismus oder gar Kommunismus dienen wird. Die Vertragsfreiheit ist mittlerweile fest im chinesischen Alltag verankert und die heute konstant hohen Wachstumsraten der chinesischen Wirtschaft werden es der Führung Chinas schwer machen, das Rad wieder zurück zu vergangenen, rein planwirtschaftlichen Zeiten zu drehen. Dafür sorgen neben der weitgehenden innerstaatlichen Anpassung der Wirtschaft und des Lebens der Bürger zahlreiche rechtliche Verpflichtungen Chinas innerhalb der internationalen Gemeinschaft.[472] Für die Entwicklung Chinas in der näheren Zukunft ist im Hinblick auf zahlreiche Eigenheiten der VR (mächtige KP, Beschränkungen des Privateigentums, kulturelle Eigenheiten usw.) und der ihr eigenen Historie sicherlich keine vollständige Anpassung an die westlichen Staaten zu erwarten. Ein selbstbewusstes und an Tradition reiches China wird sich eine gewisse Eigenständigkeit bewahren und sollte regionalen Besonderheiten rechtlichen Raum lassen. Dennoch wird zumindest mittelfristig die Zukunft Chinas nicht in der im Sozialismus eigentlich angestrebten allumfassenden Planwirtschaft liegen, sondern eher in einem System,

---

[472] Clarke, China's legal system: New developments, new challenges, S. 11.

in dem die Marktwirtschaft auf Basis umfassender Vertragsfreiheit die Entwicklung der Republik entscheidend mitbestimmt.

Anhang

Zeitstrahl

Die wichtigsten Stationen des Aufbaus des Zivilrechts sollen zur besseren Übersicht chronologisch aufgeführt werden:

1910	1. Entwurf eines Zivilgesetzbuchs (Da-Qing-Entwurf) – nicht in Kraft gesetzt
1912	Untergang der Qing-Dynastie, Gründung der Republik
1925	2. Entwurf (1. Entwurf der Republik) – nicht in Kraft gesetzt
1927	neue Regierung unter Guomindang-Partei
1930	3. Entwurf (2. Entwurf der Republik), als 1. Zivilgesetzbuch der Republik in Kraft gesetzt
1949	Gründung der Volksrepublik, Außerkraftsetzung des Zivilgesetzbuches
1956	4. Entwurf eines Zivilgesetzbuches – nicht in Kraft gesetzt
1964	5. Entwurf eines Zivilgesetzbuchs (Mao) – nicht in Kraft gesetzt – anschließend „rechtliches Vakuum"
1981	Wirtschaftsvertragsgesetz
1985	Wirtschaftsvertragsgesetz mit Außenwirkung
1986	**Allgemeine Grundsätze des Zivilrechts**
1987	Technologievertragsgesetz und zahlreiche Sondergesetze
1992	Aufnahme von „Sozialistische Marktwirtschaft" in die Verfassung
1993	Reform Wirtschaftsvertragsgesetz, Aufnahme von selbständigen Gewerbetreibenden
1999	**Vertragsgesetz**
2001	WTO-Beitritt
2007	Sachenrechtsgesetz
2010	Deliktsgesetz
Heute	

Miao Yu

Markteintrittsstrategien deutscher Unternehmen in China

Strategien, Chancen und Risiken

Diplomica 2009 / 128 Seiten / 59,50 Euro

ISBN-13: 978-3-8366-7540-6
EAN: 9783836675406

Aufgrund der zahlreichen Ressourcen, dem vielfältigen Klima, erfolgreichen Reformen und einem seit Jahren durchschnittlichen Wachstum von mehr als neun Prozent ist China zu einem der wichtigsten Produktionsstandorte und Absatzmärkte für ausländische Investoren geworden. China ist zu einem ernstzunehmenden Akteur in Weltwirtschaft und Politik aufgestiegen und hat seinen Platz unter den Handelsnationen gefestigt.

Der chinesische Markt konfrontiert deutsche Investoren jedoch mit einer Vielzahl von Herausforderungen: die fremde Kultur, die schwer einschätzbare Mentalität, der Informationsdschungel, das „seltsame" Vertragsverhältnis etc. Deswegen ist es auch nicht schwer zu verstehen, warum auch in heutiger Zeit die Bearbeitung des chinesischen Marktes durch ausländische Unternehmen mit Risiken behaftet ist, welche es im Tagesgeschäft genauso wie bei der Vorbereitung des Markteintritts in China zu beachten gilt, will man gewinnbringend auf dem chinesischen Markt agieren.

Dieses Buch bietet dem Leser in kompakter Form Grundwissen über den chinesischen Markt und über die möglichen Markteintrittsstrategien für deutsche Unternehmen. Dabei werden sowohl geographische Informationen vermittelt als auch wirtschaftliche, gesellschaftliche und rechtliche Aspekte beleuchtet.

Werner Gründer

Chinas Integration in die Weltwirtschaft
Auswirkungen auf die chinesische Volkswirtschaft

Diplomica 2010 / 128 Seiten / 39,50 Euro

ISBN-13: 978-3-8366-9623-4
EAN: 9783836696234

Die wirtschaftliche Entwicklung der Volksrepublik China stellt im Kontext der Globalisierung eine außergewöhnliche Erfolgsgeschichte dar. Innerhalb von 30 Jahren wandelte sich China, im Rahmen eines graduellen Reformprozesses, vom nahezu autarken Entwicklungsland zu einer der größten Handels- und Wirtschaftsnationen der Welt.

In diesem Buch wird der chinesische außenwirtschaftliche Integrationsprozess beschrieben und dessen reale Auswirkungen auf die chinesische Volkswirtschaft untersucht. Im Rahmen der Außenhandelstheorie erfordert die Betrachtung der wirtschaftlichen Öffnung Chinas eine strukturelle Analyse und Interpretation der chinesischen Handelsströme.

Ausländische Direktinvestitionen sind ein besonders charakteristisches Merkmal im chinesischen Transformationsprozess, ihre Entwicklung und Bedeutung werden daher in dieser Studie ebenfalls behandelt.

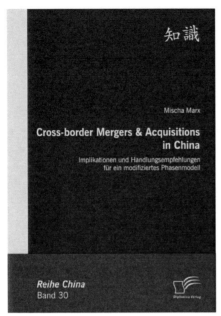

Mischa Marx
Cross-border Mergers & Acquisitions in China
Implikationen und Handlungsempfehlungen für ein modifiziertes Phasenmodell

Diplomica 2011 / 100 Seiten / 39,50 Euro

ISBN-13: 978-3-8428-6082-7
EAN: 9783842860827

In einer globalen Wirtschaft bieten cross-border Mergers und Acquisitions (M&A) wichtige Eintrittsmöglichkeiten in ausländische Märkte. Daher sind sie in den letzten zwei Dekaden zum bevorzugten strategischen Instrumentarium für das externe Wachstum von multinationalen Unternehmen geworden. Aufstrebende Schwellenländer wie China weisen im Vergleich zum herkömmlichem M&A Prozess spezifische Merkmale auf, die bislang nicht hinreichend untersucht worden sind. Das Wissen über Risiken und Erfolgsaussichten von strategischem M&A in China stellt jedoch einen kritischen Erfolgsfaktor für den Eintritt in den chinesischen Markt.

Das Buch plädiert für einen interkulturellen Zugang zum Verständnis kommunikationsspezifischer Verhaltensweisen innerhalb der chinesischen Unternehmenskultur, um Erfolgshindernisse für cross-border M&A in China zu erkennen und abzubauen.